浙江省社科规划课题成果（17NDJC151YB）

校园足球发展的系统观

——基于“普及”与“提提高”协调发展视角

林辉杰　马勇占　梁海丹　著

江苏人民出版社

图书在版编目(CIP)数据

校园足球发展的系统观:基于“普及”与“提高”协调发展视角 / 林辉杰,马勇占,梁海丹著. —— 南京:江苏人民出版社,2019.12

ISBN 978-7-214-24303-4

Ⅰ.①校… Ⅱ.①林…②马…③梁… Ⅲ.①青少年—足球运动—研究—中国 Ⅳ.①G843.2

中国版本图书馆 CIP 数据核字(2019)第 271186 号

书　　名	**校园足球发展的系统观:基于“普及”与“提高”协调发展视角**
著　　者	林辉杰　马勇占　梁海丹
责任编辑	张　凉
责任校对	周叠秀
出版发行	江苏人民出版社
出版社地址	南京市湖南路 1 号 A 楼,邮编:210009
出版社网址	http://www.jspph.com
印　　刷	北京虎彩文化传播有限公司
开　　本	787mm×1092mm　1/16
印　　张	14
字　　数	201 千字
版　　次	2019 年 12 月第 1 版　2019 年 12 月第 1 次印刷
书　　号	ISBN 978-7-214-24303-4
定　　价	88.00 元

前言

PREFACE

2015年8月，教育部联合6部门发布的《关于加快发展青少年校园足球的实施意见》提出："支持建设2万所左右青少年校园足球特色学校，2025年达到5万所。重点建设200个左右高等学校高水平足球运动队。"2016年，国家发改委公布的《中国足球中长期发展规划（2016—2050年）》提出："加强校园足球建设，把足球列入体育课教学内容，发展足球社团，培养足球兴趣，开展足球竞赛活动，不断培育足球爱好者和足球人才。"2017年10月，下发的《浙江省人民政府办公厅关于推进足球改革发展的实施意见》提出："建设一批省级校园足球特色学校，并在全省范围内设立若干个校园足球试点县（市、区）。2020年全省校园足球特色学校达到1000所，2025年达到3000所。"2019年，中共中央、国务院印发的《关于深化教育教学改革全面提高义务教育质量的意见》提出："科学安排体育课运动负荷，开展好学校特色体育项目，大力发展校园足球，让每位学生掌握1～2项运动技能。"

这些政策文件中体现出，大力推动我国校园足球发展是当前学校体育发展改革的一个重要态势，如何科学、高效推动其发展将是当前一个热点研究课题。校园足球"普及"与"提高"协调发展问题，已然是当下其深度发展的一个瓶颈。虽然，对此有少量局部研究，提出了一些对策。但是，缺乏从系统视角，全局性地来把握该问题，并较为系统地提出的应对方法。

本书共十章。在第一章"绪论"中，概况性地介绍了本书撰写的背景、内容框架、方法思路。在第二章"校园足球系统构建"中，从校园足球"普及"与

“提高”协调发展视角，界定了该系统的内涵与外延，分析了校园足球普及系统、提高系统的要素以及相互间关系。在第三章“校园足球系统发展的内部条件”中，阐述了校园足球系统开放性、非平衡性以及非线性属性。在第四章“校园足球系统发展外部环境”中，探讨了校园足球系统外部环境中的影响因素。在第五章“校园足球系统发展动力机制”中，探讨了校园足球系统与外部关联系统的融合动力，分析了该系统内竞争与合作、涨落态势以及序参数作用的具体表现。在第六章“校园足球系统发展组织机制”中，探讨了校园足球各子系统内相互间反应循环、催化循环以及催化超循环的具体表现。在第七章、第八章、第九章中，采用系统动力学分析方法，探讨了校园足球人口、活动、文化、管理发展的建模思路、因果关系以及路径流图。在第十章“浙江校园足球发展分析”中，梳理了浙江省校园足球的现状，探析了该系统发展的内部条件，提出了其发展路径。

基于系统科学理论，从校园足球普及与提高协调发展视角，本书基本上针对校园足球系统发展进行了较为全面、有侧重点的分析与探讨，初步阐述了校园足球系统的内涵与外延、内部条件、外部环境变量、动力机制、组织机制，构建了校园足球人口、活动、文化以及管理的系统动力学发展模式，分析了浙江校园足球的发展。由于时间、精力以及能力有限，在这些分析与探讨中，未免存在不当之处，敬请同仁们谅解。今后，我们还将继续努力，深入展开这方面的研究。

2019 年 8 月 18 日

目录
CONTENTS

第一章 绪 论

第一节 研究目的意义

一、国内外学术研究史梳理

2009年,国家体育总局联合教育部下发了《关于开展全国青少年校园足球活动的通知》及《实施方案》,校园足球计划正式启动。从此,校园足球成了体育教育、管理、社会等领域中一个热点研究课题。近年来,其研究主要涉及校园足球发展理念、体制机制、问题与对策等方面。

1.发展理念

观念引领是校园足球发展的重要推动力,历来多项研究探讨了其发展理念。李卫东与何志林(2011)倡导校园足球可持续发展理念;侯学华(2012)提出校园足球价值包括强身健体、足球知识普及、足球技能普及、足球人才培养、素质教育和文化建设等六方面;代方梅与梁忠(2013)提出了校园足球休闲化发展。现阶段,张兴梅与秦勇(2015)思考了校园足球常态化与制度化发展,认为须将校园足球发展有关建设纳入制度化轨道与常态化模式。张廷安(2015)提出了10种未来我国校园足球科学发展观。舒川与吴燕丹(2015)从本土化视角探讨了我国校园足球的发展价值观,推崇校园足球"普及加提高,重在普及,贵在提高"的发展方向。

2.体制机制

良好的校园足球运行体制机制的搭建是其发展的一项重要内容。李纪霞等(2012)探讨了校园足球管理体制的创新,提出须明确教育部门管理主体地位,发挥政府主导作用,进一步完善监督机制和激励机制等。张辉与张廷安(2012)构建了校园足球竞赛体系,高度重视校内年级间、班级间联赛的开展。刘志云等(2014)探讨了"全国学校足球运动联盟"建设态势。最近,毛振明等(2015)认为新校园足球顶层设计的核心内容是体制改革和机制重构,其最主要任务是提高校长和家长的积极性。毛振明等(2015)解读了今后校园足球发展的"八大任务",其中涉及多项体制机制建设,主题之一即为强调校园足球普及与提高的关系。舒川与吴燕丹(2015)提出了校园足球普及与提高的实现路径,前者依靠社会力量,后者依靠学校教育,但并未阐明两者间协调发展机制。

3.问题与对策

校园足球推行至今,有所发展,但远未展现出其应有价值,其中的缘由以及对策时常受关注。董众鸣等(2011)认为校园足球"布点学校"布局不合理、校内学生足球活动开展严重不足、竞赛体系不完备,提出注重校园足球普及、建立形式多样的校内与校际足球竞赛体系等策略。陈华与贾珍荣(2012)提出了社会融资、传媒引导等策略。李纪霞等(2012)特别强调了校园足球"普及"与"提高"发展不协调问题,并提出须摆脱校园足球发展目标定位的认识误区。贺新奇与刘玉东(2013)提出校园足球普及与提高分级推进策略,分别从省级、市级、校内以及课堂内足球的训练与比赛中推进。最近,常晓冬与鞠秋爽(2015)指出校园足球开展地域不平衡、校园足球人口短缺等问题。董众鸣与柳志刚(2015)提出了校内足球课程开设率低,课外足球活动开展不力,足球文化活动内容与方式陈旧,课余训练"精英化"倾向严重等问题。

4. 域外研究

校园足球理念源自域外，部分国家校园足球发展历史较悠久、体系较完备，颇具成效。从世界足球强国的发展来看，数量庞大的青少年足球人口和完善的精英球员培养体制是他们成功的共同特点（舒川与吴燕丹，2015）。陈洪与梁斌（2013）、梁斌（2014）认为英国校园足球发展依托其学校足球、社区足球和职业足球间紧密网络路径。系统的青训机制、"明星效应"精神激励、庞大的经费支持是日本发达校园足球体系形成的重要因素（汪玮琳等，2014；舒川与吴燕丹，2015）。美国青少年足球协会组织与管理体系（舒川与吴燕丹，2015）、法国狠抓基础（方友忠，2015）、德国金字塔人才培育计划（俞可，2015）等对这些国家发达校园足球体系形成有重要作用。

5. 协调发展相关研究

在《中共中央关于制定国民经济和社会发展第十三个五年规划的建议》中明确提出，我国国民经济、社会发展要"坚持协调发展，着力形成平衡发展结构"。现阶段，协调发展相关研究涉及我国国民经济、社会的众多方面，例如房地产市场与我国国民经济协调发展（牛雨来，2015），港口物流与区域经济协调发展（沈建，2015），中国城镇化与农业现代化协调发展（汪晓文与杜欣，2015）等。乔广浩与张永锋（2009）、崔秀萍（2015）、王显丽等（2015）、胡志九（2015）等，利用协调发展度的概念与量化方法对多种经济、社会协调发展问题进行了定量研究，构建了其协调发展评估方法与标准。协调发展相关研究还涉及其影响因素（朱广芹，2008；刘桦与杨婷，2013；向敬伟等，2015）、作用机制（覃成林，2011；陈建军，2015）、模式与对策（孙泽华，2015；周会敏，2015）等。

二、研究动态

我国校园足球推行至今，已经有一定程度的发展。在随后的发展中，还需妥善地顾及其内在各元素间，与体育、教育、社会间，协调、共生、互依等的关系，否则会严重阻碍了其今后可持续性、生态性以及深度发展。例如，在校园足球协调发展问题上，今后需面对校园足球精英化、普及化间，校园三大球间，校园足球与智育活动间，校园足球与学校环境间，校园足球与社区足球间，校园足球与地方经济间，小、中、大学校园足球间，校园足球区域发展间等协调发展问题。尤其是校园足球"普及"与"提高"协调发展问题，已然是当下其深度发展的一个瓶颈。虽然，对此有少量的分析与对策，但是，缺乏从系统视角，全局性地来把握该问题，并较为系统地提出的应对方法。

三、研究的学术价值和应用价值

2015年8月，教育部联合6部门发布《关于加快发展青少年校园足球的实施意见》，吹响了校园足球新一轮发展的号角，其中一项重点工作就是推动校园足球的普及化。2015年11月，国务院办公厅印发《关于加快发展生活性服务业促进消费结构升级的指导意见》，其中明确指出"以足球、篮球、排球三大球为切入点，加快发展普及性广、关注度高、市场空间大的运动项目"，这提示了对校园足球普及化发展的需求。2016年，《中国足球中长期发展规划(2016—2050年)》出台，给校园足球新一轮发展提出了新要求，设定了新目标。2017年10月，下发的《浙江省人民政府办公厅关于推进足球改革发展的实施意见》，提出了浙江省校园足球发展的相应目标与任务。2019年，中共中央、国务院印发的《关于深化教育教学改革全面提高义务教育质量的意见》提出"大力发展校园足球"。那么，为了实现新目标，如何给校园足球发展注入新动力是一项当前亟待探索的课题。

通过运用系统科学理论与方法，揭示校园足球普及与提高协调发展的内在机理，探寻其实现的有效途径，不仅能为校园足球协调发展研究奠定基础，而且能够满足校园足球深度发展对此的需求，为其提供学理依据与方法支持。

第二节 研究内容与方法

一、主要内容

1.青少年校园足球系统界定

(1)校园足球"普及"系统界定。校园足球"普及"侧重于针对绝大多数学生足球素养或专业能力的发展,与因此所展开的足球教育教学活动,以及其相应环境密切相关。这些活动涉及校园足球课程,课外活动(大课间、校内足球竞赛、足球俱乐部等),针对普通学生的足球夏令营,等等。相应的环境包括校园足球普及运动、文化、管理等环境。基于这些元素,有必要从系统角度,对校园足球"普及"系统的内在结构、相互关系予以梳理。

(2)校园足球"提高"系统界定。校园足球"提高"针对少数具有一定足球专业能力(背景)的学生足球运动员的培养,与因此所展开的校园足球竞训活动以及相应环境有关。校园足球竞训活动涉及学生足球运动员训练、竞赛,参与高水平训练营(例如"满天星"训练营),参与专业队青训等活动。相应环境包括校园足球"提高"运动、文化、管理等环境。同样,从系统视角出发,较为全面地对校园足球"提高"系统内部结构及相互关系进行梳理。

(3)校园足球"普及"与"提高"系统间关联。主要探讨校园足球"普及"系统与"提高"系统间内在联系。校园足球学生参与者,成长至校园足球学生运动员,需要依托这两个子系统间紧密相连的内在关系。对于这方面的探讨可以涉及两者在校园足球"普及人口"与"提高人口"、"普及活动"与"提高活动"、"普及文化"与"提高文化"、"普及管理"与"提高管理"间协调发展关系。从系统目标、组成要素、运行机制以及演化机制等方面展开分析。

2. 青少年校园足球系统协调发展机制

(1)内部条件。依据耗散结构理论可认为，校园足球内部条件改变是其系统演化发展的一个重要推动力。这些系统内部条件涉及其开放性、非平衡性以及非线性。这些属性的改变，意味着外部系统物质、能量、技术等流入，代表新质元素的出现以及系统内部更为密切的协同，从而推动系统朝着新方向演化。在此，主要探讨我国青少年校园足球“普及”与“提高”系统开放性、非平衡性、非线性的内涵及表现。

(2)外部环境。依据耗散结构理论可认为，系统外部环境改变是推动系统演化的又一股重要力量。系统外部环境涉及其外部政策、人力、物力、财力、信息等元素。外部环境的改变将影响到其内在条件的变化，进而推动系统结构与功能的演化。可以说，外部环境对系统演化的影响，是通过系统内在条件发挥作用。在此，主要探讨校园足球系统发展的外部控制参量，涉及物质、能量、信息、技术等要素输入对该系统的影响。

(3)动力机制。依据协同学理论可认为，从系统外部环境中流入的物质、能量、技术等元素，与系统内部要素结合，转化成其新质形态，是一个复杂过程。该过程中，系统各要素间竞争与合作，推动着所流入的系统外部要素内化；系统序参数的涨落及其关联放大，控制着该系统演化进度与方向。这些影响系统内部演化过程的动力元素，有着重要影响力。在此，主要探讨校园足球系统各元素间竞争与合作、序参数及其支配过程、涨落及其关联放大。

(4)组织机制。依据超循环理论可认为，系统的演化不仅仅是一个系统要素改变的结果，而是需要系统元素间相互协同所形成的整体效应来推动。此整体效应的发挥，推动系统演变的力量不断聚集、累积，最终撬动系统的质变。该效应的形成，需要系统具有催化能力的组织结构，这是影响系统演进过程的又一重要推动力(组织动力)。在此，主要探讨校园足球系统中反应循环、催化循环、催化超循环的具体表现形态及其作用。

3. 青少年校园足球系统协调发展模式

(1)校园足球“普及”与“提高”人口协调发展。学生足球人口体系是青少年校园足球系统的一个核心部分。该人口体系包含了“普及人口”和“提高人口”体系。该人口体系发展与其系统内部条件、外部控制变量、动力机制和组织机制密切相关。在此，主要探讨“普及人口”“提高人口”体系以及这两个体系间内部条件特征、竞争与合作模式、学生足球运动员（学生足球参与者）群体需求满足度等等。

（2）校园足球“普及”与“提高”活动协调发展。校园足球活动系统是校园足球的主体部分。校园足球活动也涉及普及和提高两大部分，前者主要指校园足球教育教学活动，后者则主要指校园足球竞训活动。该系统发展受到其内部条件、序参数涨落、协同和催化效应影响。在此，主要探讨校园足球活动系统这些影响因素的作用。

（3）校园足球“普及”与“提高”文化协调发展。校园足球“普及”与“提高”文化应该需要层面的划分，不同层面文化形态具有不同的感染力。校园足球文化系统的发展，离不开对影响其发展的系统条件及动力的探讨。

（4）校园足球“普及”与“提高”管理协调发展。校园足球“普及”与“提高”管理协调发展，涉及其数量与质量发展两大方面。这些发展需要校园足球管理系统内在条件形成相应的变化，以及其系统动力学因素的影响。

4.浙江省青少年校园足球系统协调发展分析

（1）浙江省青少年校园足球发展现状分析。围绕着校园足球人口、活动、文化、管理等方面，对浙江省青少年校园足球发展现状予以分析，从而进一步了解浙江校园足球这些方面发展程度以及今后预期等等。

（2）浙江省青少年校园足球发展条件分析。基于上述对校园足球系统发展的探讨，以及对浙江省校园足球系统发展状况的分析，进而对浙江省青少年校园足球发展条件予以分析，以此来了解其发展的内部条件、外部环境以及动力机制等。

（3）浙江省青少年校园足球发展路径分析。依据对浙江省校园足球发展条件的判断，主要从校园足球人口、活动、文化、管理等方面着手，提出若干能够推动近期浙江省校园足球发展的路径。

二、基本思路

基本思路见图 1-1。

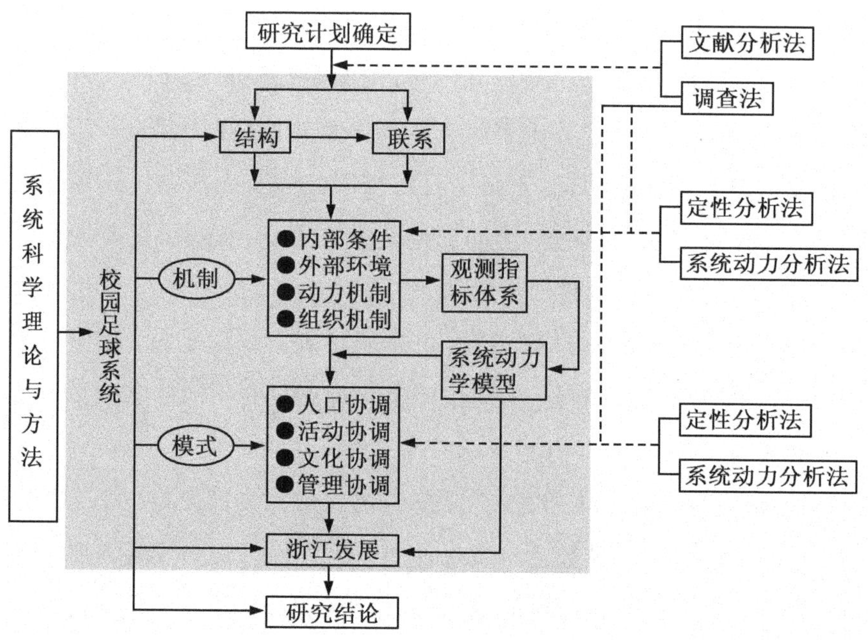

图 1-1 基本思路

三、具体方法

1. 文献分析法

通过国内、外文献数据库，以校园足球、协调发展等关键词，检索相关文献，并对其进行整理、分析。

2. 调查法

通过访谈等形式，向校园足球、体育管理、体育教育等领域专家、学者进行调查。通过实地调查等形式，考察我国若干城市内校园足球特色学校校园足球开展情况。通过调查，了解我国青少年校园足球“提高与普及”系统界定、其协调发展机制与模式等。

3. 系统分析法

应用耗散结构理论、协同学理论、超循环理论等自组织理论，来分析我国青少年校园足球“普及”与“提高”系统协调发展的表现，探讨其内在动力、运行与组织机制，提炼出该系统协调发展的观测指标体系。

4. 系统动力学分析法

以校园足球人口、活动、文化、管理等作为子系统，以我国青少年校园足球“普及”与“提高”协调发展机制观测指标体系为基础，应用 Vensim 软件，通过构建各级变量、架构因果回路图及系统动力学流图，搭建起校园足球协调发展的系统动力学模型。按政策要求，分析我国、浙江省青少年校园足球“普及”与“提高”系统的相应变化情况，探讨其发展模式。

四、特色和创新

1. 学术思想方面

采用协调发展观，来探讨我国青少年校园足球“普及”与“提高”的发展问题。

2. 学术观点方面

基于系统科学理论，揭示我国青少年校园足球“普及”与“提高”系统协调发展的内在条件、外部环境、动力与组织机制，基于此，构建起其发展模式。

3. 研究方法方面

基于系统动力学建模方法，构建我国青少年校园足球“普及”与“提高”协调发展模型，借此更客观地来探讨此系统协调发展问题。

第二章　校园足球系统构建

导读

依据系统层次逻辑划分，将校园足球系统划分为人口系统、活动系统、文化系统、管理系统、资源系统与关联系统六个层面。这六个层面是一条递进式的动力链。此外，由于侧重校园足球普及与提高协调发展视角，还将校园足球系统划分成普及与提高两大子系统，它们内在结构基本相似，涉及校园足球系统上述六大子系统。本章节探讨了校园足球系统要素以及相互关系，分析了校园足球普及系统、提高系统的要素以及相互间关系，侧重分析了校园足球普及与提高系统间协调关系。

第一节　校园足球系统架构

一、校园足球系统总体架构

校园足球系统主要衍生于教育与体育系统，是一个以普及足球运动和培养足球竞技后备人才为目的的小型复杂系统。依据系统体量大小划分，社会系统是一个巨型复杂系统；其人口系统、经济系统、政治系统以及文化系统等宏观组成部分为大型复杂系统；像民政系统、传媒系统、商务系统、教育系统、体育系统、卫生系统等中观组成部分为中型复杂系统。所以，主体隶属于教育、体育系统内的校园足球系统，则是一个小型复杂系统。在当前足球振兴国家战略推进下，该系统不仅覆盖贯穿了整个教育系统与体育系统，而且还映射到国家或地区发改系统、财政系统、广电系统以及团委系统，可见其所涉及面多而广，内在关系杂而密。

依据系统动力推进逻辑划分，将校园足球系统划分为人口系统、活动系统、文化系统、管理系统、资源系统与关联系统六个层面。如图 2-1 所示，校园足球人口包含普及人口与提高人口，该子系统涉及各年龄间层间人口流动，各间层内人口增加、退出。校园足球活动系统以这类群体所开展的各种活动为主体，涉及足球课程、足球课外活动、足球课余训练、足球竞赛、足球夏令营等。校园足球文化系统涉及精神、制度和物质文化。校园足球管理系统是对其活动开展的决策、计划、组织、控制等。校园足球资源系统涉及支持其各项管理开展的人力、物力、财力、信息等资源。校园足球关联系统是由与教育系统、体育系统、相关企业系统、家庭系统间互动关系构成。

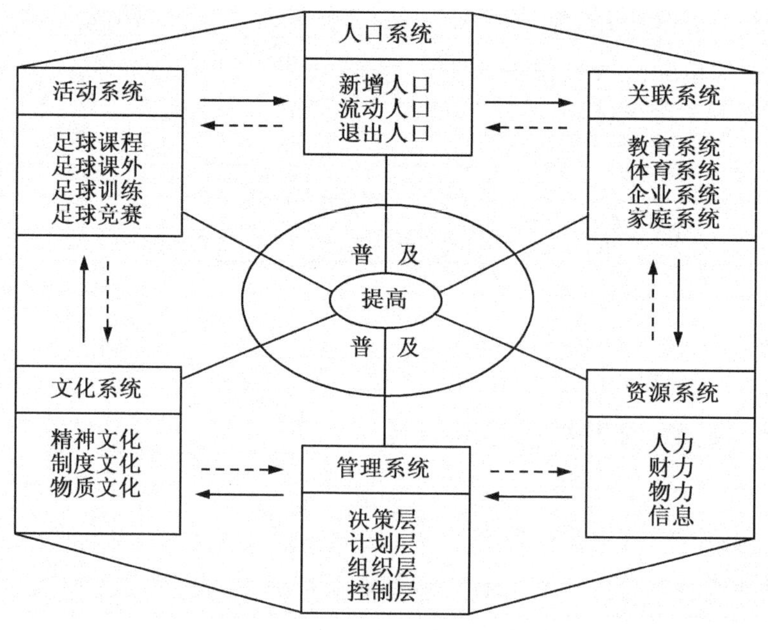

图 2-1 校园足球系统构成元素示意图

注：黑色箭头表示推动力链，虚线箭头表示反馈回路。

这六个层面是一条递进式的动力链(如图 2-1 所示)。校园足球人口是该系统最终产出;校园足球各种活动开展推动着该系统内普及或提高人口数量与质量的提升;校园足球文化价值则在于,提升其校园足球活动感染力;校园足球管理则推动其各项活动开展,以及校园足球文化价值的实现;校园足球资源则是其管理工作开展的有力支撑;校园足球外部关联系统则提供外部资源供给,增添该系统运行活力。此外,各层之间存在反馈回路,最直接的即为相邻子系统之间的反馈,上层输出所引发的下层变化,又会对上层的作用有所调节。

二、校园足球普及系统构建

从其普及与提高属性来划分,校园足球系统包括普及与提高两大子系统。它们内在结构基本相似,涉及校园足球系统上述六大子系统。然而,系统运行目的、功能及各子系统的构成有所差异。校园足球普及系统运行目的是,推动校园足球的普及,将校园足球普及人口体量做大,构建起一个扎实而庞大的人群基础。其各子系统围绕此目的组建和运行。

校园足球普及人口系统是对校园足球普及人口群体分布及变化路径的抽象表达。该类人口是指参与校园足球普及活动的普通学生群体(学生足球参与者),基本上以所参与的足球活动数量来界定,例如足球活动的参与次数、持续时间等。一般来说,要求每周足球活动次数 2 次以上,活动时间 2 小时以上。此群体基数大,涉及参与足球活动的绝大多数学生;年龄跨度大,从小学至大学各年级段均有分布;分布面广,各城市、学校、年级、班级均有分布。由于专项性并不那么强,以强身健体、娱乐休闲为主(李卫东等,2018),该群体人口流动相对频繁,有可能大面积增加与退出。

校园足球普及活动系统是一个核心子系统,主要由针对学生足球参与者所开展的足球教育教学活动构成,这些教育教学活动包括足球课程教学、足球课外活动以及校外足球活动等等(李玲,2019)。通过足球课内对基础足球技术进行教学,利用足球课外活动进行普及性练习(杨建民,2018)。此外，在各种普及活动中还涉及教师、学生足球参与者、活动内容、活动组织、活动评价等等。系统运行主要目的是培养、维持校园足球普及人口，使学生掌握足球知识、技能，培养学生足球锻炼意识（秦旸等，2017），具备一定的足球文化涵养，进行一定数量的足球活动。该活动吸引力、聚合力、承载力是评价此系统的三大综合参数，分别表示吸收、留住、承受校园足球人口的能力。

校园足球普及文化子系统包含了与"普及"有关的理念、价值观、制度、场地器材设施文化，以及各种科技、艺术产品等，这些是推动校园足球普及活动开展的精神动力。例如，健康、终身足球、快乐足球等理念；增进青少年体质健康，实现中国足球梦等价值观；班级间联赛、每周1次足球课、足球课间操等制度；小型足球场、简易球门、小型足球、队徽、队服中文化展现；足球板报、足球文化节、足球主体班会、足球球星宣传等（刘伟，2017）；移动互联＋报名（报道）平台等科技产品（刘海元和冯爱民，2019），有助于大群体、高频数足球普及活动组织、宣传。校园足球普及文化建设的核心是以人为本的发展（郭丽华，2018），积极体现足球课程的文化性、健康性、趣味性和动态性（徐林，2018）。

校园足球普及管理子系统是对校园足球普及活动的策划、组织、协调、控制层面要素的集合。保障校园足球活动的高效开展和合理发展，是校园足球普及系统的重要组成部分。在校园足球系统内，各项活动有序、高效开展，需完成大量的管理工作。校园足球各项普及活动的开展效果是对此子系统运行的综合性评价其良好的运行结果（葛嘉辉等，2018），表现出各种普及活动的蓬勃开展，并卓有成效。例如校园足球教学大纲和教材的构建是优化校园足球人才培养的一个重要方面（郎健，2014），校园足球普及管理人员、管理经费投入、管理事务、管理机构等是该子系统的核心要素。

校园足球普及资源子系统涉及人力、财力、物力、信息等资源要素的流入、流出，以及在系统内的流动。该系统中人力资源主要指足球教师（教练）、足球裁判、足球培训员、学生足球运动员、学生足球参与者等，以及校园足球活动领导、组织、监督人员。校园足球普及系统经费主要涉及该系统活动开展、文化塑造以及管理保障等所需的经费，例如校园足球普及活动参与者的激励费、购买各种活动用品的材料费、购买相关足球器材的设备费等等。校园足球普及系统物质资源涉及足球教学场地、足球器材、足球装备的充足度等等。该系统信息涉及各种校园足球普及活动安排、宣传、进展，足球人口的登记、追踪等信息。当前，这方面人力、物力等资源还是比较缺乏的，区域差异也比较大(陈佳萍，2018)。

校园足球普及关联系统是教育、体育、企业及家庭系统分别与校园足球普及系统密切关联部分的总和。校园足球普及系统的发展，需要与这些系统外关联部门间相互协作，形成合力(刘伟，2017)。在教育系统中，中考制度增设足球考试项目、购买足球教学及课外活动所需器材、维护与改造所需场馆、足球教师招聘指标(董鹏等，2018)等政策，与校园足球普及系统密切关联。当前，校园足球与学校体育发展结合日趋紧密，催生“足球全员运动会”“足球选修课”“足球班级联赛新形式”“足球走班制教学”等学校体育改革实践(毛振明等，2018)。体育系统中，足球教师培训班、青少年足球训练营、精英足球进校园活动、青少年校园足球竞赛、对校园足球所需器材的赠予等，影响着校园足球普及系统的运行与发展。此外，在校园足球普及中，还需要与足球文化发展公司、体育培训公司等协办足球课外活动、足球培训、足球交流活动，与家庭协力培养、管理学生足球运动员或学生足球参与者。

三、校园足球提高系统构建

校园足球提高系统以选拔、培养青少年足球后备人才为目标，由围绕着校园足球中学生足球运动员群体，所开展的各项校园足球活动及其支撑环境构成。相对校园足球普及系统来说，其提高系统是一个更高层次的青少年足球发展系统，更尖、更精、更专，是校园足球与足球青训体系衔接的一个部分。

校园足球提高的人口系统是由校园足球中被选拔进入训练队、长期进行课余足球训练、有目的性地参加高级别青少年赛事的学生足球运动员群体的分布与变化路径构成的。此人口群体量少，涉及那些达到一定技能水平的学生足球运动员。相比学生足球参与者来说，该群体足球专业水准高，不仅要求活动量，而且更强调足球运动水平。该群体人口流入的主要途径是从校园足球普及人口系统中选拔，其流出的主要途径是向上输送，送至高层次学校足球训练队或足球青训系统内。

校园足球提高活动系统主要由校园足球课余训练、竞赛构成，涉及足球教练员、学生运动员、后勤保障人员，足球训练内容、方法、手段，足球竞赛备战、参赛等。该系统运行的主要目的是提高学生足球运动员的专业水平，为向上输送足球人才奠定基础。在校园足球课余训练中，以更高要求磨炼运动员的足球技能，更高强度发展其体能，更深入地培养其战术涵养，更有针对性地培训比赛技巧。在竞赛中，以取得优异名次为主要目标，同时，使运动员能够获得更高的运动员等级称号。竞赛是训练的目的，训练是竞赛的保证。校园足球竞赛组织的规范性、形式的多样性、宣传的广泛性等是非常重要的（马琳和李秀馥，2014）。李卫东（2013）研究认为，理顺竞赛管理的组织结构，形成多元赛事系统等将是我国青少年校园足球发展的必由之路。

在校园足球提高文化子系统中，突出锦标主义、运动成绩至上等理念，以培养高、精、尖的青少年足球后备人才为价值取向。在制度设置中，以促进训练与竞赛为目的，涉及学生运动员招生政策、训练与竞赛激励办法、保险分担风险机制（赵毅和张学丽，2017）等。在物质文化中专项性更强，强调标准足球场地、器材，专业性训练手段，专业水准更高的教练员与工作人员等。此外，所用到的科技产品技术含量更高，例如拍摄训练或比赛视频不仅用于宣传等，更是结合专用软件分析技战术问题。在该文化系统中，输出的是校园足球提高体系的文化价值，构建校园足球荣誉体系以及舆论和宣传体系（王登峰，2018）。

校园足球提高管理系统主要由体育部门、教育部门、足球协会、学校及相关人员构成，是校园足球训练与竞赛、校园足球精英文化制作等有序开展的保障。教育部门是校园足球业余训练的主要管理机构；体育部门与足球协会则是校园足球竞赛的主要管理机构。该系统输出的是校园足球训练与竞赛活动的数量与质量，管理人员的绩效与所投入的资源效益对其输出结果有重要影响。对于其活动的管理，需要细致地考虑考核制度、人员调配、安全管理、目标责任等方面（刘向东，2019）。当前，在青少年校园足球提高管理上，还需理清思路，有张有弛，如果对青少年校园足球运动员的培养作为硬性指标，将会导致“足球特招”等环节权力寻租（闫佳伟和侯岩峰，2016）。

在校园足球提高系统中，各种资源的流入、流动以及流出构成了其资源子系统。该系统中，人力资源涉及业余教练员和裁判员的数量与水平、训练与竞赛管理人员的数量与能力；财力资源主要涉及训练与竞赛开展的资金、足球教练员、学生足球运动员以及从事相关管理工作人员的激励费用；物力资源主要涉及训练、比赛场馆与器材；信息资源涉及学生足球运动员的个人信息、训练管理信息、竞赛组织与结果信息等。这些资源需要由系统内部生长，从系统外部流入，在系统内部流动，再流向系统外部，才能激发该系统的活力。

在校园足球提高关联系统中，教育系统中体育特长生的招生办法、对学生体育协会的管理、对学生课余足球训练的支持力度等，与该系统关联较密。在体育系统中，足球协会在资金、技术与人员上的扶持，与各级体育运动学校间足球运动员的流动等，与校园足球提高系统关联较密。此外，还有职业足球俱乐部等能为学生足球运动员提供与国外同龄选手交流的机会，邀请明星足球运动员举办高质量的学生足球训练营等。喻和文和刘东锋（2017）研究认为，职业足球俱乐部与足球特色学校间合作范围有校园足球资源要素、青少年球迷培养、青少年足球运动员选拔与培养三大领域，涵盖师资培训、教学与训练、竞赛活动、场地与训练设施、运动康复、足球文化活动、主场观赛、训练基地体验、人员选拔与培养等 11 个方面，以及更为具体的 22 项内容。还有，家庭对子女课余足球训练的认可，在资金、精力方面的付出，与提高系统运行效益关联较密。

第二节　校园足球"普及"与"提高"协调关系构建

一、校园足球"普及"与"提高"人口系统间协调关系

校园足球普及与提高人口间存在相互流动，普及人口是提高人口的重要储备，提高人口则是普及人口的演化目标之一。校园足球提高人口的发展需要选拔一些具备一定足球知识、技能以及比赛经验的，具有发展潜力的学生，这样的学生可以从普及人口系统中挑选。同样，在校园足球普及人口系统中，当个人足球水准发展到一定程度，就会形成对更高足球训练与竞技平台的需求，从而流向其提高人口系统。这两系统间维持一定程度的人口流动率，有利于学生足球后备人才的筛选，过高的流动率将会增加该系统运行成本。

从理论上讲，校园足球"普及"与"提高"人口间相互依存。校园足球普及人口越多，校园足球提高人口的发展空间越大。反过来，高水准学生足球运动员越多，对校园足球普及人口的扩大具有一定的带动作用。反之亦然，校园足球普及、提高人口下降或体量小，也会造成另一方相应的变化。可见，这两者协调发展的一种表现，是维持校园足球普及与提高人口间的合适比重关系。如果割裂这两者关系，强力干预一方的发展，均是不妥当的。在实际中，往往是只见足球学生运动员训练，未常见普通学生参与足球，依靠纵向的学生足球运动员选拔。这样虽能在短时间内选拔到一些较高水平学生运动员参加比赛，但对于培养高水准的青少年足球后备人才来说是不利的。

二、校园足球"普及"与"提高"活动系统间协调关系

校园足球"普及"与"提高"活动系统运行的一个共性目的，就是提高学

生足球专业水准。这两个系统协调关系表现在，两者在提高学生足球专业水准过程中的相互协作关系。首先，这种协作关系表现在，针对学生足球运动水平培养的不同层次活动的衔接。在校园足球普及活动系统中，侧重基础性发展，包括基本足球知识、技能及相应体能，足球运动的参与习惯以及欣赏能力培养；在其提高活动系统中，则侧重专业性发展，以磨炼高超技术水平为目的，更加突出活动负荷强度。其次，这种协作关系表现在提高学生专业水准时两者的紧密对接。在校园足球普及活动系统中所形成的培养效果，能够在其提高系统中得以最大限度地放大。还有，校园足球“普及”与“提高”活动系统间具有良性的交流，前者给予支撑，后者给予回馈。在国外（日本）（徐磊和彭涌，2018），也存在学生参加足球活动的两种方式：一种是兴趣型社团活动，主要以娱乐为目的，训练强度低，专业水平门槛低；另一种是竞技型社团活动，主要以竞技比赛为目标，训练强度大，专业水平门槛高。

具体地讲，在校园足球普及活动中，活动主导人员数量，要能够满足引领、指导较大范围学生群体参与校园足球普及活动的需求，以及满足参与不同类型校园足球普及活动的需求。同时，该人员也需具备一定足球专业水准，在组织学生足球群体活动的同时，还能较好地提高其足球水平。在校园足球提高活动中，活动主导人员要专而精，在安排、组织、指导该活动时具有较强的专门性和精湛性，能满足学生足球运动员继续提高自身水平的需求。这两系统间交流可表现在，这两系统中活动主导人员间有关学生足球水平发展业务技能的交流。此外，这两系统间，在活动内容上的规划、组织与评价上，在活动主体的激励上存在协调关系。在提升校园足球竞赛关注度上（何澳和关吉臣，2017），就需要广大的学生足球参与者积极参与，形成赛事氛围，进而激励学生足球运动员同场竞技。

三、校园足球“普及”与“提高”管理系统间协调关系

校园足球“普及”与“提高”活动系统间协调运作较大程度上依靠这两个管理系统间协调。首先，这体现在两个管理体系规模上匹配。一般来说，管

理规模涉及决策、策划与组织、控制、协调等管理机构内人、财、物的数量，这些是开展管理的基础。校园足球"普及"与"提高"管理系统规模上匹配，与各自保持一定的独立性有关。这是这两系统间竞争与协作的基础，只有这样，各系统才会具备持续发展的内生动力。从管理投入中看，当前校园足球普及管理系统规模远不及其提高系统，这在一定程度上与前者的独立性相对较低有关。

其次，这体现在两个绩效管理上匹配。在人员绩效管理上，涉及招聘甄选、职位管理、薪酬管理及培训开发。在校园足球"普及"与"提高"管理系统间，活动主导人员招聘比重、职位设置比重、奖金激励比重、培训经费比重等，需处于合理范围之内。在资金项目绩效管理中，涉及资金使用、项目开设论证、跟踪、评价等，在校园足球"普及"与"提高"管理系统间，专项资金使用比重、项目开设比重、资金与项目产出对比，需处于合理范围之内。在场地器材绩效管理中，两个系统间，场地器材投入比重、其使用率对比等，也需处于合理范围之内。

四、校园足球"普及"与"提高"资源系统间协调关系

校园足球"普及"与"提高"资源子系统间协调运行意味着这两系统间协作、共存，把总系统资源做大、用好。首先，校园足球"普及"与"提高"资源系统间协作促进总体资源开发。校园足球提高资源系统中，资金增长需依托其普及资源系统。以竞赛赞助费为例，只有校园足球竞赛活动受到关注、追捧的程度越高，受到资助的额度也会越高。这些关注、追捧可源自广泛的校园足球普及人口及其家庭。校园足球普及活动中，资金提升也可依靠校园足球提高资源系统。当校园足球人口足球水准发展需求提升时，社会资金会涌入来促进其发展，其普及系统中精英足球学生运动员的辐射作用有助于提升此需求。

其次，校园足球"普及"与"提高"资源系统间协作促进总资源利用。在校园足球提高系统中提高活动的主导者与部分资深学生足球运动员具有

丰富的足球运动知识，以及精湛的足球运动技艺，对于校园足球普及资源系统来说，是可用于辅导普及活动中学生足球参与者的人力资源。在校园足球普及系统中，普及活动主导者能接触到大量的校园足球人口，对他（她）们的考察较为细致，对于校园足球提高系统来说，这是可用于筛选有潜力学生足球运动员苗子的人力资源。此外，在校园足球普及系统中一些有一定专项基础的学生足球参与者，可在其提高系统中肩负其一些辅助工作，例如提高活动信息管理、复制提高活动等，这也可视为该系统的一种人力资源。

五、校园足球“普及”与“提高”文化系统间协调关系

校园足球“普及”与“提高”文化系统间协调，可提升校园足球文化价值。这两系统的协调体现在校园足球文化的多元整合。校园足球文化不仅包含锦标主义、精英教育、金牌至上等提高层面文化，而且具有浓郁的体质健康、快乐足球、激情足球、终生足球、街头足球精神（王勇川，2015）等普及层面文化。此外，校园足球“普及—提高”文化需有机地交融在一起。校园足球普及体系中形成足球运动水平发展的层次性，与其提高系统相对接，从而构成校园足球普及文化向其提高文化上升的途径；校园足球提高文化要辐射于普及文化中，使后者具有厚实的底蕴。

这两系统的协调体现在校园足球文化传播面的拓展。校园足球文化功能的发挥依赖其传播，这些文化传播则依靠其载体。在校园足球“普及—提高”文化系统协调运行时，两者交流畅通，这些文化不仅仅是停留在自身体系中，而且也能渗透至另一体系中，形成一个较广的传播面。此外，两者协调体现在校园足球文化感染力的提升中。校园足球提高文化具有深而精的特点，而其普及文化具有广而范的特点，例如“以人为本，健康第一”的理念（徐林，2018）。这两文化系统协调运行时，能够相互映衬，使校园足球文化的穿透力更深、辐射面更广，具有较强的感染力。

六、校园足球"普及"与"提高"关联系统间协调关系

校园足球"普及"与"提高"关联系统是教育系统、体育系统、家庭系统、相关企业系统内有关的人、财、物等组成的整体。这两子系统间协调表现为各自输出均衡。校园足球"普及"与"提高"的关联系统是其外部系统，其主要特点在于，向校园足球系统内部输入各种资源，较大程度上控制着校园足球系统的发展。在这两个系统协调运行时，外部系统所提供的资源无明显流入偏向性，使两者处于均衡的资源流入状态。以往在偏重短期绩效情况下，较为看中校园足球提高系统的运行，相对投入就会多些。

这两子系统间协调表现为各自反馈输入的均衡。校园足球关联系统在向校园足球系统输出的同时，也受到后者的反馈输入，这对该系统的输出有刺激作用。这些输入有精神层面的，例如向学校系统和体育系统侧重文化价值观的输入，也有物质层面的，例如向相关企业系统输入服务费等。校园足球"普及"与"提高"系统各自具备均衡的反馈输出，在对应外部系统中形成对等强度的刺激，从而使外部系统产生均衡的资源输出。

第三章　校园足球系统发展的内部条件

导读

自组织系统理论认为，复杂系统发展与其内部条件演变有关，这些内部条件包括系统的开放性、非平衡性以及非线性。复杂系统的开放性指其与外界间进行物质、能量、技术等交换。复杂系统非平衡性特征体现在，其内部结构的差异性，差异性越高，系统离开稳定状态越远，向更高级别的稳态演进程度越快。复杂系统的非线性可表现为，系统内部各元素变化间非独立的相干性。本章阐述了校园足球系统开放性、非平衡性以及非线性属性，对其普及系统、提高系统及普及与提高系统间这三个方面属性的具体表现进行了剖析。

第一节　校园足球系统发展的开放性

一、开放特征

自组织系统理论认为，自组织系统的一个必要条件就是该系统的开放性，即与外部系统间进行物质、能量、技术等交换。此类系统运行过程中，其内部资源会不断消耗，如果得不到补充，将会导致其熵增，使系统沉寂。自组织系统需不断从外界吸收负熵流，保持自身有序运行。然而，过多的摄取，会使其失去独立性，被其他系统所同化。全盘获得，会使有负面影响的外界输入提高，同样也会使系统沉寂。可见，自组织系统的开放性是有一定限度的，封闭的系统得不到发展的动力，完全开发的系统将会使能量无偿发散掉。这使其既要适应周边的环境，又要有明确的系统边界，筛选出有利的外界输入。

校园足球“普及”与“提高”协调发展系统的开放性，体现在其普及系统与外界的各种交换。校园足球普及系统的外界输入，源自其外部关联系统。它们间的各种交换，是校园足球普及系统自组织演化的一个重要动力。该系统运行过程中，需要提高足球课程质量，提高足球教师专业水平，增加其师资数量，开拓各种课外校园足球活动，营造有感染力的校园足球文化氛围等。对此，在外部关联系统中，可实施校园足球师资招聘、培训等人事政策，提供器材、场地、资金等资源支持，提供足球培训等社会服务，共享先进足球教育教学方法和技术。通过这些外部系统的支持，可增加校园足球人口数量，提升其质量，提高学生体质健康水平，提升校园体育文化价值。这些对于外部关联系统来说，是校园足球人口增长等政绩、足球文化产业价值、子女培养成就等。

校园足球“普及”与“提高”协调发展系统开放性，体现在其提高系统与外界的各种交换。同样，校园足球提高系统也需从外界摄取所需资源，也要向外界有所输出，从而维持动态性平衡，使系统有序运行。该系统运行中，需提升教练员执教水平，提高训练课质量，选拔和输送学生足球运动员，以及维持日常训练以及参加比赛的各种保障。相应地，教育系统中可提供足球特长生招生、校园足球训练与竞赛服务购买等政策，提供一些校园足球训练与比赛经费等；体育系统中可实施教练员与裁判员培训、等级认定等师资发展业务，可提供校园足球竞赛的机会等；足球俱乐部等相关企业可融入至校园足球的竞训工作中。同样，在校园足球提高系统中，足球教练员、裁判员以及学生足球运动员的水平提高、数量壮大，也能推动外部关联系统的发展。

校园足球"普及"与"提高"协调发展系统的开放性,体现在普及系统与提高系统间的各种交换。从上述分析中可见,校园足球普及系统中各种所需输入,可以从其提高系统中获取,例如足球师资培训、课余足球活动辅导员聘用、校园足球普及文化的深度发展等。同样,校园足球提高系统中各种所需输入,也可从其普及系统中获取,例如学生足球运动员选拔、训练辅助、信息管理等人员的聘用、校园足球提升文化价值等。这两个子系统间,在保持一定独立性前提下,进行物质、能量、技术等方面交换,是校园足球"普及"与"提高"协调发展系统开放性的重要体现。

二、校园足球普及系统与关联系统间开放的表现

在关联系统中,教育系统、企业系统与校园足球普及系统关系较为密切,具体指标见表 3-1。

表 3-1 校园足球普及系统关联系统间开放指标一览表

指标＼系统	教育系统	体育系统	家庭系统	企业系统
人口	意愿参与的普通学生数量	——	——	培训量
教学	足球教育教学活动量	——	对校园足球参与的支持度	交流活动量(技术);赞助量
文化	校园足球普及文化影响力	——	校园足球文化认同度	校园足球文化建设参与程度
管理	普及管理事务等规模	——	校园足球管理参与度	——

校园足球普及系统是教育系统的重要组成部分,这两者间存在天然联系。其一,校园足球普及系统中学生足球参与者与教育系统内普通学生流动频繁。前者流入主要源自教育系统中有一定天赋并喜爱参与足球运动的普通学生;前者退出主要流向教育系统的普通学生群体中。在校园足球普

及系统中，为了增加学生足球人口数量，提升其质量，需要一定量人员的流入与流出。同样，在教育系统内，为了使学生发展特长或全面发展，也需向该系统输入，接收其输出。其二，两者间信息流动。校园足球普及活动发布、进展、结果等信息，需传递至教育系统中，特别是传递至领导层中，发挥其影响力；同时，也需接收教育系统中，有关教育发展和改革等信息，尤其是有关学校体育的信息，从而调整自身运行方式与发展方向，适应大环境要求。其三，两者在文化上交流。这表现于两者在精神、制度和物质文化上的融合。例如，在校园文化传播中，渲染着快乐足球、健康足球、荣誉足球等校园足球普及观；在中考制度中，增添了足球项目考核。

随着体育产业迅速发展，校园足球普及系统与青少年足球培训公司、足球文化发展有限公司等有一定交流。其一，这两者间有技术交流。校园足球普及系统内，学生足球参与者增长，与校园足球活动开展和管理效果、文化氛围有关。有关足球企业在这些活动组织、管理上及其文化营造上具有一定专业技术优势，能向校园足球普及系统内输送专业技术，从而提升该系统的运行质量。同样，校园足球普及系统内，具有组织与管理这些活动的实践与经验，能够为有关足球企业专业技术的运用提供支持，形成一种符合校园足球实际的服务产品。其二，两者间有资金流动。有关足球企业也向校园足球普及活动的开展，予以适当资助，用于购买器材、改造场馆、支付专用工作人员工资、进行广告宣传等，从而开发、拓展校园足球普及活动服务产品市场。同样，受政策鼓励，校园足球普及系统运行，越来越向社会力量开放，该系统内购买公共服务力度会逐步增强。

三、校园足球提高系统与关联系统间开放性的表现

校园足球提高系统与教育系统、体育系统以及家庭系统存在一定交流、交换关系，具体指标见表 3-2。

表 3-2 校园足球提高系统关联系统间开放指标一览表

指标＼系统	教育系统	体育系统	家庭系统	企业系统
人口	意愿参与训练的学生数量;特招数量	学生运动员交流量	——	——
竞训	学生足球运动员培养投入	教练员、裁判员培养	对校园足球训练的支持度	学生足球运动员培养;赞助量
文化	校园足球提高文化影响力	校园足球提高文化建设参与程度	校园足球提高文化认同度	——
管理	提高管理事务规模	校园足球提高管理参与度	校园足球提高管理参与度	——

校园足球提高系统是教育系统组成部分之一。其运行带来社会效益较为明显,是较受重视的校园足球子系统。校园足球提高系统与教育系统开放性表现在:①教练员、管理人员等接受培训数量。由于校园足球提高系统镶嵌于教育系统内,该系统内相关人员培训的许可、费用以及激励均来自教育系统,有些培训班由教育系统主办。所以,这些人员培训的频数展现了这两者之间的交流。②足球队对外交流以及参赛数量。教育系统中掌控着学生足球队外出交流及参赛所需的条件,足球队对外交流以及参赛数量,体现了其对校园足球提高系统发展的支持度。③足球队规模及训练频度。这展现了教育系统对校园足球提高系统的投入,以及后者对前者的反馈。当教育系统得到较高回馈时,其投入会增加,表现出足球队规模扩大及训练频度提升。

校园足球提高系统与体育系统间开放性,体现在两者共同参与活动的情况中。主要表现在以下方面:①校园足球提高系统中专业足球运动员与教练员任职与深造的数量。教育系统具有深厚的教育资源以及授予学历的资格,同时,在推动校园足球提高系统发展中,需要足球专业人员助力。在体育系统中,退役或求学运动员,退休或离职教练员,会流入校园足球提高系统,以其高超的足球专业水准来提升该系统运行质量。②校园足球提高系统中，专业足球后备人才输送数量。在体育系统中，具有完备的、专业的、高级别的足球运动开展与管理体系，适合优秀足球后备人才继续成长并发挥其效能。校园足球提高系统致力于优秀青少年足球后备人才的产出，部分将流入体育系统中继续发展，并最终能为省队和国家队效力。③在体育系统主办的有关比赛、培训、交流中，校园足球提高系统中相关人员的参与量。在体育系统中所开展的各种活动中，校园足球提高系统融入状况，可细化为所获得的运动员、裁判员以及教练员等级证书等，这些均是体育系统中可授予的。

校园足球提高系统与家庭系统存在密切关系。由于校园足球课余训练和竞赛需消耗学生较多的课余时间，甚至还需一些经费支出，只有得到家庭支持，才能保障这些活动开展。这两系统间开放性可体现于以下方面：①家长所掌握的校园足球提高系统信息量。校园足球提高系统与家庭系统间信息交流是两者间开放的重要基础，只有让家庭成员接触、感知、了解、认同校园足球提高系统，才能使其广泛地融入至该系统中来。②针对校园足球提高活动，家庭人员在时间、经费上的投入。校园足球提高活动中，学生参与程度或质量与家庭关注度有关，这体现于此过程中家庭人员在时间和经费上的投入情况。③针对校园足球提高活动，家长子女培养成就感。对于家庭来说，支持子女参与校园足球训练或竞赛的目的在于使其通过参与此类活动后能够达到家长培养孩子的预期。

四、校园足球普及系统与提高系统间开放表现

校园足球普及系统与提高系统间开放，是其协调发展的一个重要条件，具体指标见表 3-3。

表 3-3　校园足球提高系统关联系统间开放指标一览表

普及＼提高	人口	竞训	文化	管理
人口	学生足球运动员流动数量	——	——	——
教学	——	活动融合度	——	——
文化	——	——	文化融合度	——
管理	——	——	——	管理融合度

这两系统间开放性表现如下：①这两系统间，学生足球运动员的流动率。校园足球普及系统是提高系统中学生足球运动员的储备库。普及系统内具有一定足球天赋，并达到一定足球运动水准的学生，被筛选至提高系统中来，接受更高层次足球训练，参加竞技性足球竞赛。同样，在校园足球提高系统内，学生足球运动员会因为足球运动水准不足、热情下降、关系不协调、学业成绩下降等等因素，退出该系统，流入至校园足球普及系统内，作为一名校园足球人口，进行相应调整。②这两系统间的工作人员的交流程度。在校园足球提高系统中，训练与竞赛服务工作、信息制作与传播工作等可由普及系统中有一定基础的学生来担任。同样，在校园足球普及系统中，校园足球活动的组织与辅导等工作可由提高系统中的学生足球运动员来担任。③这两个系统间的文化交流程度。校园足球“普及”与“提高”文化间协调发展的基础条件在于这两者间交流的方式与频率。校园足球普及文化培育需竞技足球文化和校园足球运动队文化融入，而校园足球提高文化建设以其普及文化为基础。

第二节　校园足球系统的非平衡性

一、非平衡性特征

基于动态系统理论，开放性是系统发展的一个必要条件，但是并非是一个充分条件。除此之外，内部非平衡性则是系统发展的另一重要条件，即在外部力量推动下，使系统越出线性平稳区域，处于非线性发展区域，使其内部要素远离稳定状态。系统非平衡性特征体现在其内部结构的差异性上，差异性越高，系统离开稳定状态越远，向更高级别的稳态演进程度越快。系统内部差异性的主要表现有两大类：一类是横向差异，表现为类别的分化，对系统的划分更多、更细；另一类是纵向差异，表现为等级的分化，每个类型中等级区分更多、更明显。抓住系统的非平衡性特征，能够深入了解系统发展内在动力。

校园足球“普及”与“提高”协调发展的非平衡性，表现在其普及系统内、提高系统内、“普及”与“提高”系统间差异化程度。该系统非平衡性特征有：(1)校园足球普及系统内各元素间差异。在该子系统中，需要学生足球参与者足球运动水准层次化发展。随着学生足球参与者足球水准提高，对足球运动学习要求也要增加。此外，该系统还需要校园足球活动多样化发展，校园足球活动不仅仅是足球课程教学，还涉及足球课外活动、足球欣赏活动、足球交流活动等等。(2)校园足球提高系统内各元素间差异。在该子系统中，需要不同足球运动水平、训练年限的学生运动员存在，例如既要有一些较高水平的学生足球运动员，也要有一些具有发展潜力、处于发展中的学生足球运动员。此外，该系统需要学生足球运动员训练和竞赛水平的层次化发展，构建不同水平、年龄等层次的学生足球队和竞赛活动。还有，该系统需要校园足球提高活动的主导者的差异化发展，这不仅涉及主导者类型的多样化,还涉及其水平的区分度。(3)校园足球普及与提高系统间差异性。这要求校园足球人口与学生足球运动员数量、足球水平的差异性,校园足球普及活动和提高活动间类型、层次的差异性,这两个子系统间活动主导者数量与水平的层次性,等等。

二、普及系统内非平衡性表现

校园足球普及系统的发展,需要各元素存在一定的差异性,具体指标见表3-4。

表3-4 校园足球普及系统非平衡性指标一览表

	人口	教学	文化	管理
指标1	学生足球参与者水平区分度	课程层次区分度	——	管理层次区分度
指标2	学生足球参与者性别配比度	教学活动分化度	文化活动的分化度	管理人员分化度
指标3	学生足球参与者年龄分段度	教学人员分化度	——	——

具体表现在如下方面:其一,校园足球普及活动的梯度。为了满足不同足球水平学生运动员的学习和锻炼要求,校园足球普及活动需要层次化发展,这主要表现为此类活动的梯度。主要观测点有:(1)各年级间、各水平间校园足球普及活动的纵向区分度。该类活动涉及足球课程(目标、内容、方法、评价等方面),足球课外活动,足球交流活动,足球欣赏活动等。这些活动随着学生足球参与者年龄增长、运动水平提升,有所区别。这些活动各种设置的离散程度是一种重要观测点。(2)校园足球普及活动的横向分化度,即不同时空域、内容、形式校园足球活动的构成离散度。这要求从课堂、课间、课外以及校外等区域,从知识、技能、战术、体能、文化、产业等内容,从正式与非正式、集中与分散等形式,构建起丰富的校园足球普及活动体系。

其二，校园足球活动师资的等级性与分化度。校园足球活动师资等级性的观测点主要是，各水平校园足球师资的构成比。由于学生不同足球运动学习或参与需求，要求各层次执教水平的师资力量变得强大。各层次师资力量构成比处于合适范围时，体现出该类人群适宜的等级分布，高水平或低水平主导者过多、过少均不合适。这类人群执教水平高低，常以主观判断，其评定制度有待出台。此外，校园足球活动师资分化度的观测点主要是其种类数。该群体种类越多，体现出较高的分化度。校园足球普及活动中学生群体参与多，其活动种类多，所以，要求其师资数量与类型相对多。学生足球运动员、退役足球运动员、退休足球教练员等都可以加入至该群体中。

其三，校园足球普及人口的等级性与分化度。学生足球参与者等级是对其发展的一个阶段划分，是足球运动学习的一种动力，也是足球运动学习效果的一种直接反馈。学生足球参与者等级性的观测点主要是，各水平学生足球参与者的构成比，该比例应处于一个合适范内。一般来说，各水平学生足球参与者数量形成一个金字塔式结构，在基层所占比重较高，高层所占比重较低。基层学生足球参与者所占比重过少，不利于其专业水平的发展。目前，校园足球普及人口等级性并非那么明显，需建立起校园足球运动水平评定制度，予以发展。校园足球普及人口分化度观测指标是此类人口的种类数及其均衡性。根据性别划分可分为男、女校园足球普及人口；根据不同年龄段，可分为低、中、高年龄段校园足球普及人口；等等。

其四，校园足球普及管理的等级性与分化度。校园足球普及管理是其活动有效开展的重要保障，只有其管理得到有效发展，才能有效促进其活动发展，进而推动校园足球普及人口的增长。校园足球普及管理的等级性体现在，管理事务、人员的层次性，其观测指标主要是不同层次元素的构成比。校园足球普及管理可分为，宏观层面领导者及其管理事务，中观层面组织者及其管理事务，以及微观层面执行者及其管理事务。此外，校园足球普及管理的分化度体现在管理人员与管理制度种类数上。管理人员可包含领导者、组织者、执行者三个层面，其中可涉及正式职工、合同管理者、志愿管理者(学生与家长)、合作管理者(有关企业)等不同形态。校园足球普及管理制度完善与否,决定着其活动开展是否具有有序性与可持续性。这类管理制度包括,各种层面与类型管理者的管理制度,各种校园足球活动的管理制度,校园足球普及人口的运动等级评定制度,校园足球活动参与的激励制度与安全防范制度,等等。

三、提高系统内非平衡性表现

同样,要提高校园足球提高系统的内在动力,需增强其内部非平衡性,具体指标见表3-5。

表3-5　校园足球提高系统非平衡性指标一览表

	人口	竞训	文化	管理
指标1	学生足球运动员水平区分度	训练活动区分度	——	管理层次区分度
指标2	——	竞赛活动分化度	文化活动的分化度	管理人员分化度
指标3	学生足球运动员年龄分段度	竞训工作人员分化度	——	——

此子系统该特性表现在以下方面:其一,校园足球提高人口的等级性与分化度。校园足球提高人口指被选拔出来进行课余足球训练的学生足球运动员。这类人口等级性体现在不同运动水平的学生足球运动员的构成。运动水平可以以足球运动员等级标准来划分,按国家体育总局所制定的标准显然要求太高,需按学生足球运动员群体情况制定标准。由于各年龄段学生足球运动员群体间运动水平存在差异,还可以按照不同年龄段进行划分。是否组建不同水平运动队是该人口等级性的重要观测点。此外,校园足球提高人口的分化度主要体现于不同性别学生足球运动员的构成比。该比值力求均衡,处于合适范围之内,满足不同性别学生足球运动员流入与流出的

需求，奠定该人口发展的基础。

其二，校园足球提高活动子系统内等级性与分化度。此类活动等级性体现在足球教练、训练以及竞赛的等级，可通过教练执教水平、训练与竞赛水平的区分度来观测。在一定范围内，其区分度越高，此类活动等级性越明显。区分校园足球教练员执教水平可从资质认定、培养学生足球运动员数量、所取得的竞赛成绩、执教年数、职称等角度综合考察；区分校园足球训练课水平可从训练内容设置、训练负荷安排、训练方法选择、训练效果评定等方面综合考察；区分竞赛等级可以从参赛的足球运动队水平来观察。此外，其分化度体现在提高活动及主导人员类型多样化。校园足球提高活动中除了参加训练课与比赛，还可以设置校际交流、训练营等活动。其提高活动主导人员除了教练员外，还可聘请一些辅导人员，例如助理教练员、辅助训练人员等。

其三，校园足球提高管理系统内等级性与分化度。与校园足球普及管理系统一样，其提高管理系统内等级性与分化度主要体现在，管理事务、人员以及各种制度的分级分类中。主要表现在：(1)该子系统内等级性体现在，管理事务及人员间等级区分。校园足球提高管理活动也存在领导、组织与执行不同层面之分，各种管理事务由对应层面管理者来做。领导层面管理事务由国家、省、市校园足球工作领导小组人员开展，其组织层面活动由学校足球工作领导小组开展，其执行层面活动由足球课程组人员以及有关学校部门办事员开展。(2)该子系统内分化度体现在管理人员与制度类型的多样性。校园足球提高活动需要多方面管理，也需多种类型管理人员来开展。例如，对其训练与竞赛信息管理工作可由校园足球普及系统中的志愿者来担任。同样，需要多方面的校园足球提高活动管理制度，来促进其有序开展。例如，教练员执教水平认定制度、学生足球运动员运动等级认定制度、志愿管理者制度等。

四、普及系统与提高系统间非平衡性表现

校园足球“普及”与“提高”系统间非平衡性，主要体现在两者人口、活动以及管理子系统间差异性上，具体指标见表 3-6。

表 3-6 普及系统与提高系统间非平衡性指标一览表

	人口间	教学—竞训间	文化间	管理间
指标 1	数量差异度	设置差异度	——	设置差异度
指标 2	水平差异性	参与主体差异度	文化活动的分化度	人员差异度
指标 3	——	主导人员分化度	——	制度差异度

两者人口子系统间非平衡性表现为普及人口与提高人口间运动水平与人口数量的差异性。在足球运动水平方面，校园足球提高人口由学生足球运动员组成，属于校园足球的精英群体，其足球运动水平基本上高于校园足球普及人口。当两者保持一定程度差距时，能发挥校园足球提高人口的带领功能和自我发展功能。当校园足球提高人口处于一定优势运动水平时，可通过融入带领，推动校园足球普及人口发展。同样，当校园足球普及人口运动水平提升时，通过优秀学生足球运动员输送等途径，推动其提高人口发展。此外，在足球人口数量方面，校园足球“普及”与“提高”系统间存在一定差异，前者要远高于后者。一般来说，越具有广泛的校园足球普及人口基础，越有助于提升校园足球提高人口的数量与质量。反过来，校园足球提高人口数量的增加，使其普及人口基础更为扎实。

两者活动子系统间非平衡性表现为活动设置、主导人员、参与主体分化。校园足球提高活动专业性较强，主要针对学生足球运动水平的提高与获得优异竞赛成绩。然而，校园足球普及活动专业性相对弱，主要针对学生足球参与的兴趣与习惯。可见，从定位上看，校园足球提高与普及活动显然有明显区别，这同样体现在两者的设置上。两者不仅是在足球知识、技能、

战术、体能教学的难易性、学习量与强度上有区别，更要在教学内容、组织方式、教学方法、教学评价等方面有所差别。此外，提高这两种活动的针对性，使对主导者专门性要求越来越高，使其专属性越来越强。提高这两种活动的针对性，与对它们本质特征的深入认识有关。以此为基础，从理念至操作方法，进行全方位差异化发展，进而对其主导者基本知识与技能提出不同要求。另外，在这两种活动中，参与主体也是有明显差别的。校园足球普及系统参与主体是普通学生，然而，其提高系统参与主体是学生足球运动员，两者在足球专业水准上相差甚远。

校园足球“普及”与“提高”管理子系统间非平衡性表现为，管理事务设置、人员、制度的分化。这两个管理子系统间各要素分化，使它们间独立性更强、分支更密、纵向更深，是对校园足球“普及”与“提高”活动差异化、精细化、专门化发展的有力保障。这两子系统间管理活动设置分化，主要体现在其管理事务细致、明确的划分。一般来说，校园足球提高管理系统管理学生足球运动员、教练员等相关人员，管理训练与竞赛等各种事项，管理校园足球提高活动所需的经费与场地器材。校园足球普及管理子系统管理普通学生足球参与者、足球教师等相关人员，管理足球课程教学、课外足球活动、足球欣赏与交流活动等有关事项，以及管理其中所涉及的资金与物品。此外，这两子系统间管理人员分化体现在其分配与分工上。目前，这两子系统间管理人员班子普遍存在共用现象，在个人时间、精力有限情况下，致使其工作重心放在绩效更为明显的校园足球提高管理中。可见，此方面分化对校园足球普及系统管理，以及两系统间协调管理，有较大促进作用。还有，这两子系统间管理制度分化体现在其类型更分明、体系更完善。校园足球普及与提高管理制度各有各的针对性，是这两种活动有序开展的重要保障。它们边界更明确、体系更庞大，有助于推动这两种活动的开展及其良好效果的获得。从先前所述中可见，这两子系统的管理制度有些可以融合，然而可分离得也相当多。

第三节 校园足球系统的非线性

一、非线性特征

非线性是自组织系统的又一重要特征。作为一个自组织系统，并非由内部各元素间简单相加而组成，而是由内部各元素复杂的化学反应来支撑着其运行。复杂系统的内部构成，并非是简单的局部与整体关系，其内在元素间复杂的相互影响，一个元素的变化可引起系统内部的系列改变，呈现出非线性状态。从中可见，复杂系统的非线性可表现为，系统内部各元素变化间非独立的相干性。任何要素变化都是多因素作用结果，有些给予正面反馈，有些给予负面反馈，然而，整合起来，最终能够引起整个系统功能的提升。

可见，校园足球“普及”与“提高”协调发展的演进受校园足球系统非线性属性影响，其非线性特征可表现出以下特征：其一，校园足球普及系统内非线性。该系统中，校园足球普及人口、活动、文化、管理、资源、关联系统等这些子系统内或相互之间，存在复杂的非线性关系。校园足球普及人口数量受到新增、流入和退出人口影响，这些人口与校园足球普及活动量及其文化的感染力存在密切联系，其活动量及文化感染力大小受校园足球普及活动管理力度的影响，其管理力度受到校园足球普及资源供给的制约，其资源供给源自校园足球关联系统，其外部系统的支持力度受校园足球系统运行效益的影响。其二，校园足球提高系统内非线性。同样，该系统内也涉及上述六个子系统，这些子系统间围绕着校园足球提高人口运动水平的提升，存在着密切的相互间联系。其三，校园足球普及与提高系统间非线性。这两者间非线性展现在两子系统间衔接的紧密度上，即在校园足球普及与提高系统在人口、活动、文化、管理、资源以及外部环境间的广泛互动。

二、校园足球普及系统内非线性表现

校园足球普及系统内非线性指标见表 3-7。

表 3-7 校园足球普及系统非线性指标一览表

	人口	教学	文化	管理
指标 1	数量关联度	不同类型教学活动间关联度	不同文化活动间关联度	人力资源管理要素间关联
指标 2	水平间关联	不同层次教学活动间关联度	——	——
指标 3	——	教学要素间关联度	——	——

在其人口系统内的表现为:(1)校园足球普及新增人口、退出人口、流入人口与人口总量间关系。校园足球普及人口总量是动态变化的,在各阶段内,校园足球人口有新增,有退出,也有从下一个阶段中流入的。校园足球普及人口总量提升,会使其环境的饱和度提高,从而抑制其新增人口,使其退出人口增加,到一定程度时使校园足球普及人口总量回调。此外,校园足球流入人口提高,使校园足球人口中有锻炼基础的人口比重上升,使该群体聚合力增加,从而抑制校园足球人口退出,使其总量得到维持。(2)不同运动水平校园足球人口与校园足球人口总量间关系。不同运动水平校园足球人口平衡发展,屏蔽了一些由运动水平要求所形成的准入障碍,保证了校园足球普及人口总量的拓展空间;此外,满足对校园足球参与要求逐步提高的需求,从而抑制校园足球人口的退出,维持其总量稳定。

校园足球普及活动子系统内非线性表现在:(1)校园足球普及活动总量与其主导人员关系。各项校园足球普及活动开展需要相关人员来组织,当该活动主导人员增加时,在人均承担量不变的情况下,校园足球普及活动总量会增加。此外,当该活动主导人员教学或辅导水平提升时,校园足球普及活动吸引力提升，致使其参与者增加，从而扩大校园足球普及活动量。(2)校园足球普及活动总量与基础条件间关系。校园足球普及活动开展时间的充裕度、场地设施供给度、活动经费支持度，制约着校园足球活动的总量。这些方面供给度和利用率的提升，也能够促进校园足球活动总量增加。(3)校园足球普及活动总量与各种类型校园足球活动间关系。校园足球普及活动可分为足球课程教学、课外足球锻炼活动以及课外足球文化活动等等，这些活动在时域上、形式上、功效上各有所区别，当它们能够均衡发展时，校园足球普及活动总量得以扩大。当然，主导人员数量以及基础条件状况也制约着各类校园足球活动的均衡发展。

校园足球普及管理子系统非线性表现在：(1)人力资源管理要素间关联。校园足球活动总量提升与其主导人员数量及绩效有关，后者取决于人力资源管理效果，这方面管理涉及教师与辅导人员聘用、薪酬、培训等管理以及管理人员配置。这些人员聘用量受到校园足球普及活动投入、薪酬高低、培训费用和管理人员职位数影响，薪酬高低、培训费用、管理人员配置与对校园足球普及活动投入、受聘人员数量及其绩效有关。(2)普及活动管理要素间关联。校园足球活动总量提升，受到对其管理效果的影响。这方面管理涉及校园足球活动计划、运行、评价管理，其基础建设管理，其研究与改革等创新管理。其中，计划有效性、约束力、执行度，教学或指导质量，学习或参与质量，基础建设与创新活动数量等管理绩效间存在紧密关系。

三、提高系统内非线性表现

校园足球提高系统内非线性指标见表 3-8。

表 3-8　校园足球提高系统非线性指标一览表

	人口	竞训	文化	管理
指标 1	数量关联度	不同类型竞训活动间关联度	不同文化活动间关联度	人力资源管理要素间关联

续表

	人口	竞训	文化	管理
指标 2	水平间关联	不同层次竞训活动间关联度	——	——
指标 3	——	竞训要素间关联度	——	——

在其人口系统内的表现为，不同水平、年龄、性别的学生足球运动员间数量及水平的关联。校园足球提高人口主要聚集在各学校足球运动队，特别是校园足球特色学校里。各学龄段学校足球运动队间，不同性别学校足球运动队之间，不同级别学校足球运动队之间，相互影响、相互促进，则体现了校园足球提高人口系统间非线性。主要表现在：(1)在各年龄段学校足球运动队间，形成了输送关系。低年龄段的足球运动队是高年龄段足球运动队的足球人才储备库，打好低年龄段学生足球运动员的基础，能促使高年级足球运动队有更好的专项能力上升空间。(2)在各运动水平学校足球运动队间，形成选拔关系。高水平学校足球运动队，可以在相对低水平学校足球运动队中，挑选近期表现优异的队员参与该队的训练与竞赛。这样就扩大了学校足球运动队训练规模，使高水平学生足球队更具竞争力。(3)在各性别学校足球运动队之间，形成促进关系。男队的训练带动女队训练，促进女队训练水平的提升，对学生参与更具吸引力。

校园足球提高活动系统非线性表现在：(1)不同训练层之间关联。不同年龄段学生足球运动员专业能力的有效发展，离不开各年龄段校园足球训练的一体化。在不同年龄段，应该具有不同的训练侧重点，培养当时需要优先发展的能力，在训练目标、方法、手段以及负荷安排上，尽可能地体现时段性。这样才能让低年级学生足球运动员培养为高年级足球运动员成才奠定基础。(2)不同竞赛层之间关联。由于年龄、运动水平以及性别差异，这必将形成多元化校园足球竞赛体系。这些竞赛体系间，相互关联紧密，将推动学生足球运动员竞技水平的提升。它们间关联可以体现在赛事竞赛规程的对接、赛事举办时间的统筹等等。(3)课余运动训练与校外高水平竞赛间关联。在有些学校运动队中，其训练仅仅是一个培养足球专长的过程，学生参与校园足球竞赛积极性不高，容易导致训练与竞赛在一定程度上脱钩。这可能源自竞赛体系的不完备。有些学校依靠优质的足球特长生招生，能够长时期地占据明显优势地位。

校园足球提高文化系统非线性表现在，校园足球提高文化活动间关联。校园足球提高文化活动也将会呈现多种形式，有些涉及物质文化，有些涉及精神文化，有些涉及制度文化。这些校园足球提高文化均需要整合在其理念框架之下。校园足球提高文化讲究精英足球、竞技足球，突出英雄主义、奋斗精神等等，因此校园足球提高文化需要围绕其核心理念，展开一体化的建设。例如，围绕着精英足球理念，可以开展校园足球精英人物肖像展示、事迹报道，职业足球运动员进校园，精彩瞬间视频制作等等。

校园足球提高管理系统非线性表现在，校园足球提高管理要素间关联。校园足球提高管理涉及其训练、竞赛、运动员、教练员等管理，涉及决策、组织以及执行等阶段，涉及校园足球工作领导小组、学校管理部门、体育管理者、足球项目管理者等管理人员。这些管理要素间密切关联，是该系统非线性属性的一个重要表现。例如，校园足球竞赛实行四级联赛制度后，要更加突出足球联赛选拔的功能，相应的训练、运动员以及教练员管理需要迅速地进行调整。

四、普及系统与提高系统间非线性表现

校园足球“普及”与“提高”系统间非线性指标见表 3-9。

表 3-9　校园足球普及系统与提高系统非线性指标一览表

	人口间	活动间	文化间	管理间
指标 1	数量关联度	不同类型竞训活动间关联度	不同文化活动间关联度	人力资源管理要素间关联

续表

	人口间	活动间	文化间	管理间
指标 2	水平间关联	不同层次竞训活动间关联度	——	——
指标 3	——	竞训要素间关联度	——	——

在其人口系统间非线性表现为,学生足球参与者与学生足球运动员数量和水平之间的关联。学生足球参与者与学生足球运动员在数量上需要一定的匹配度,以保证学生足球运动员能够实时地被挑选出来。如果学生足球参与者基数小,有些潜在的学生足球运动员就难以被发现。这就是这两者间存在的一个方面的关联。从另一个方面看,虽然学生足球参与者与学生足球运动员在足球专业能力的平均水平上有较大差距,但是在个别层面上,需要一定的接近度,以此形成一个学生足球参与者逐渐成长为学生足球运动员的通道。如果这两者间运动水平断层太大,将会影响到校园足球普及人口群体对提高人口群体数量增长的支撑。

校园足球"普及"与"提高"活动系统非线性表现在:(1)校园足球课程与训练活动关联。之前所述,学生足球参与者要成长为学生足球运动员,他们间运动水平需要呈现出梯度性变化。校园足球课程是培养学生足球参与者的重要途径,其与校课余运动训练间的关联度,则较大程度上影响着该群体的培养。校园足球课程和训练活动的关联度体现在该课程体系层次性构建,需要在最顶层课程设置时,与校园足球训练活动,在内容上、方式和方法上紧密衔接。(2)校园足球课外活动与竞赛间关联。校园足球课外活动是足球课程教学的一个实践场,是学生足球参与者展现自我的一个舞台,也是选拔学生足球运动员的一个重要平台。在校园足球课外活动中,班级(年级)足球联赛与水平较高的校际足球联赛,构成一体化整体,将会有助于提升校园足球"普及"与"提高"人口间流动。

校园足球"普及"与"提高"文化系统非线性表现在,校园足球"普及"与"提高"文化活动间关联。校园足球普及文化体现出健康足球、快乐足球等理念，在有关校园足球活动的组织中也贯彻着这些理念。但是，“健康足球”贯彻到一定程度时，需要校园足球参与者对足球运动的长期坚持；同样，“快乐足球”理念贯彻到一定程度时，源自在校园足球竞赛中优异专项能力的发挥所形成的成就感。这些隐含着校园足球提高文化的“身影”。从中可见，校园足球普及文化活动效益的发挥，在一定程度上需要其提高文化的点缀。校园足球普及与提高文化活动间存在着类似的关联，展现了校园足球“普及”与“提高”文化系统的非线性属性。

校园足球“普及”与“提高”管理系统非线性表现在，校园足球提高管理要素间关联。校园足球普及管理和提高管理要素，有时交融在一起，产生较好的管理效益。在校园足球教师、教练统筹管理下，有利于推动校园足球普及活动和提高活动效果的提升。校园足球教师可以安排其辅助校园足球训练和竞赛活动开展；校园足球教练可以安排其担任校园足球高层次课程或者足球俱乐部活动的指导教师。此外，校园足球课程与训练的统筹管理。在高年级校园足球课程中融入其竞训元素，例如，以训练的形式开展有高水平的足球竞赛活动安排等。在校园足球训练的准备期，或是在年轻的后备学生足球运动员训练时，可以融入校园足球教学元素，使在这个阶段中或者是年轻的后备学生足球运动员更加细致地了解足球专项技术等。这样师资、活动间统筹管理，将会提升校园足球普及与提高管理系统的非线性表现。

第四章　校园足球系统发展外部环境

导读

校园足球系统的外部影响因素较多，涉及政策、活动要素、技术、信息等因素。这些因素对该系统的影响是阶段性的，该系统发展各阶段中主要决定因素被视为其外部控制参数。在该系统演化初期或迅猛发展前期，政策输入对其此时的发展影响较大。随后，在其迅速发展时，活动要素投入的影响显得尤为重要。如果这些要素得不到满足，该系统发展速度就很难提起来。接着，随着该系统规模扩张，着重其内在品质发展时，有效、先进技术方法输入的重要性日益体现出来，使该系统运行的效果与效率得到提升。本章节探讨了校园足球系统外部环境中影响因素及其对校园足球普及系统、提高系统以及两者间联系发展的影响。

第一节　政策输入的影响

一、推动与外部环境交流

政策对校园足球发展具有引导、调节、规范、控制以及资源再分配的作用，是推动校园足球发展的重要外部动力。2009 年 4 月国家体育总局、教育部联合下发的《关于开展全国青少年校园足球活动的通知》，明确提出了校园足球发展目标、原则、任务、措施等，启动了校园足球的发展。2015 年 7 月，教育部等 6 部门下发了《关于加快发展青少年校园足球的实施意见》，进一步推动校园足球的发展。此外，还有系列相关文件的出台，这些使校园足球稳态不断受到冲击，向更为先进的开展模式演进。

政策推动校园足球系统与外部环境交流。校园是一个相对封闭的环境，特别是在中小学，这使得原先校园足球活动只能依靠学校力量来组织。在以智育为主的现行教育体系下，该活动组织的资源往往受到挤压，使其规模小，水平不高。《关于加快发展青少年校园足球的实施意见》指出，鼓励建立政府支持、市场参与、多方筹措，架构校园足球发展的经费投入机制。这打开了校园足球活动管理与组织的大门，允许社会力量，采用专业的运行模式，来经营校园足球活动。这使社会力量越来越多地介入至校园足球发展中，使得校园足球发展得到更多的技术、资金、器材等支持。同样，社会力量一方面可在校园足球活动经营中获利，例如销售校园足球竞赛组织等服务；另一方面，可培养儿童、青少年足球爱好者，扩大其产品的潜在消费群体。此外，在近期体育中考制度改革中，将足球设置为考试项目。由于家长们极为重视子女的升学，在此制度影响下，家长们对校园足球活动参与的支持度以及各方面投入将会明显提高。此后，随着这项制度中足球考试分量的提升，校园足球系统与家庭系统间各方面交流会更为密切。此外，如果能推行学生足球运动等级制度，将有利于低水平校园足球人口向高水平发展。这将使高水平校园足球人口易于发展，为校园足球提高系统中优秀学生足球运动员选拔奠定基础，从而推动校园足球普及系统与提高系统间交流。

二、推动系统内部发展

政策推动校园足球系统内部分化。在校园足球相关政策中，要求建立全国各省市、地方学校等各级校园足球工作领导小组，来领导、计划、协调、控制以及保障校园足球的快速发展。这是校园足球顶层设计的一项重要举措,推动了校园足球系统内组织结构的分化,形成了更为专门性、更有实效性的组织结构。原先校园足球活动组织倚重基层机构,主体是学校体育部门、学生足球社团等。由于自身权力受限,基层机构在推行校园足球改革的深度与广度上均受到限制。各级校园足球工作领导小组由高层领导担任组长,相关职能部门负责人作为组员,有能力打破旧的校园足球体系稳态,有能力来领导校园足球改革,是校园足球系统演化强有力的推动力。此外,全国校园足球特色学校、定点城市、示范区域等管理制度,有力推动了校园足球体系内的分层。在该制度引导下,有条件、有基础的学校、区县、城市,按照该制度要求对校园足球进行改革,从而使这些高层次校园足球类型分离出来,可发挥引领、示范的功能。例如,《全国校园足球特色学校基本标准》规定,参评全国校园足球特色学校时,要求在义务教育阶段保证每周一次足球课,在高中保证开设足球选修课,在大课间或课外开展足球运动,每个班级参赛次数不少于10次/年,这推动了有意向参评的学校校园足球普及化发展。

政策推动校园足球系统"普及"与"提高"内部间交流。校园足球系统"普及"与"提高"内部间相互联系的紧密性、频繁度是其发展的一种内在动力。校园足球相关政策中,要求建立较为完善的校园足球竞赛体系,其中就涉及班级间、校际、市际等竞赛。这些比赛为不同班级、年级间,不同学校间,不同区域间校园足球交流提供了平台。特别是不同班级、年级间竞赛,这种初级竞赛模式,使班班有足球队、各年级有足球队,各班、各年级通过足球竞赛相互交流。这就扩大了校园足球普及人口面,使更多的学生足球运动员苗子能涌现出来,进入校园足球提高系统内。此外,校园足球相关政策中,要求畅通优秀足球苗子的成长通道。在该政策引导下,要求广泛筛选以及重点培养优秀学生足球运动员。这就需要建立合适机制,更加密切地关注校园足球普及人口,并尽可能地将该群体人口扩大,从而使校园足球人口与学生足球运动员数量间关系更紧密。在该政策引导下,要求建立与教育、体育以及社会相互衔接的优秀学生运动员输送渠道(喻和文和刘东锋,

2019)。这就需要通过体制机制改革,使优秀学生足球运动员能较为便利地进入由体育系统管理的国家或省市足球队,或是进入由社会力量组建的参加职业联赛的俱乐部足球队,这使得校园足球提高系统与体育、社会系统的关系更为紧密。

第二节 基本要素输入的影响

校园足球活动是校园足球系统的核心元素,其普及子系统内校园足球人口增长以及对其提高系统内学生足球运动员的培养,均以各种类型的校园足球活动开展作为载体。可见,校园足球活动发展对该系统演化有较大推进作用,其人员、资金、场地器材、时间等基本要素投入量,较大程度上制约该活动的开展。

一、人员投入的影响

校园足球活动开展所需的人员数量的多少是能否顺利开展该活动以及能否扩大规模的重要因素,各类校园足球活动从事人员的投入量对整个系统演化有重要影响。该人员总量是校园足球普及与提高协调发展系统演进的基础,在校园足球开展所需人员充足情况下,才能扩大校园足球活动,促进其质量提升。该人员总量提升可源于校外招聘,引进优秀的足球教师或教练员,作为学校员工,长期进行校园足球教学、训练等工作。具有编制的从事校园足球活动人员,具有较高的足球专业水准,是该活动从事者的中坚力量。这类人员的增加,会给这股力量增添新的活力。基于这类人员所具备的新理念、新知识、新技术、新方法,将给校园足球改革,增添新动力。此外,该类人员的增加,也会增加校园足球活动组织开展的层次性。老手可多从事些这类活动的组织工作,新手则可多执行些具体任务,这样使校园足球活动子系统运行更为合理。但是,由于学校足球教师与教练编制有限,这条途径的力度也是有限的。

此外，提高该人员数量可源于与校外相关单位合作。在组织校园足球课外活动时，可外包给相关足球企业，通过相互合作、资源共享，使这些企业单位员工流入至校园足球体系中来。在低年龄段中，可动员有足球运动经历的家长参与足球课外活动指导；校园足球竞赛活动举办，可外包给体育赛事策划相关企业，让该企业的专业人士也融入到校园足球体系中来；校园足球训练活动的开展，可与地方体育局等单位合作，建立合作机制，使该系统内足球运动员或教练员能够融入至学生足球运动员培养中。通过这些途径，使校园足球活动从事人员数量提升，从而带来校园足球系统与体育系统、家庭系统以及相关企业系统间，相互人员流动、技术交流、资源共享。这将使校园足球从事人员的类型更多样化，专业能力上有所分化，相互间联系紧密，从而有力推动该系统发展。

还有，可通过对非足球专项的体育教师进行足球课程教学、课外活动辅导的培养，使其具有承担相对低级别足球课程的教学能力，以及相应校园足球课外活动的辅导能力，这样能使体育教师们均能融入至校园足球系统中。此外，高年级段学生足球参与者或运动员，已经具备了一定的从事足球运动指导能力。在这年龄段中，可建立临时聘用制度，机动地聘请校园足球提高系统内有一定经验的学生足球运动员参与至普及系统内的相关活动辅导中，也可聘请校园足球普及系统内有一定基础的学生足球爱好者参与至校园足球提高系统内训练与竞赛活动的辅助中。这些人员的增加，会使校园足球普及与提高系统内人员分化加深，类型更为多样，使低层次的校园足球活动能够得到广泛开展。这些人员的加入，会使校园足球普及与提高系统间人力资源面更广，这有助于从前者中选拔学生足球运动员，也有助于后者训练竞赛活动的有效开展，使这两者衔接更紧密。

二、资金投入的影响

校园足球活动开展及其规模扩大与其资金投入关系密切。在校园足球活动开展中，从事人员薪酬、场地器材经费、参赛办赛经费、学生参与者或运动员物质激励等方面均需资金投入。

校园足球活动从事人员的薪酬是其工作的一个重要动力源。如果没有一定薪酬作保障，其致力于校园足球活动发展的动力就会降低（耿家先等，2017）。同样，校园足球活动从事人员的薪酬未跟从事该活动产出挂钩，也将会影响该活动发展。这就需将薪酬与校园足球活动从事量、改革创新成果、训练竞赛成绩、文化作品获奖等效益联系在一起。此种薪酬形式能够使校园足球从事人员在业务能力上等级更为分明，促进业务能力从低至高发展，进而推动校园足球系统发展。此外，该种薪酬形式，使绩效模式变得尤为重要，促进校园足球普及与提高系统内相关活动从事人员各自绩效模式形成，从而使这两者的独立性更高。

场地器材建设是校园足球经费投入的一个重要方面。这方面经费的投入，可使校园足球活动所需的场地器材得以维护、补充、更新、扩大，是校园足球活动得以顺利开展以及发展改革的重要保障。然而，这方面经费往往非常缺乏，而且经费下拨周期较长，特别涉及场地建设时，由于经费投入很高，有时会成为一个瓶颈问题。在民营经济较为发达地区，可通过体制机制开放，让民间资本融入校园足球场地器材建设中。由于获利明显，体制约束少，使民间资本注入快。只要双方谈妥协议，资金就可以快速到位，并且被高效地运用至场地设施建设等方方面面。此外，投资人有充足的动力以及专门的精力去挖掘校园足球场地设施的建设空间，并且更符合实际地、更为专业地进行建设。还有，由民间注资的校园足球场馆设施，使用效率会更高。可见，此经费投入渠道，可使校园足球场地设施建设更快、更好。

校园足球训练、竞赛、锻炼等活动中需要一定费用支出，这涉及裁判员及工作人员劳务费、学生足球参与者或运动员的奖励经费、购买基本保障物品费用等等。校园足球活动数量拓展，须以增加这类费用投入作为基础。这可通过与地方足球协会或俱乐部建立合作机制，促进这方面经费增长，或使其使用效益提高。地方足球协会或俱乐部具有承担培养青少年足球运动员，以及推广足球运动的责任与义务。同时，这些单位也具有足球竞赛组织和足球运动技能培训的专业力量,以及具有一定的专项经费来保障这些活动的开展。校园足球系统内则聚集着众多优秀儿童、青少年足球苗子的潜在发展对象,能作为这些单位推广足球运动的重要条件。这股专业力量是否能融入校园足球活动系统中,对该系统发展来说相当重要。随着该资金流入,加强了校园足球系统与体育系统以及企业系统内相关元素间联系。此外,通过转变观念,加强制度引导,推动校园足球活动参与过程中家庭消费的增长。由于众多家庭聚合在一起时消费体量大,每个家庭消费支出多一点,对校园足球活动系统发展的推动作用也是较为可观的。例如,依托地方足球协会推出一些精品足球课外活动服务供给。

三、场地器材、活动时间投入的影响

青少年校园足球开展所需的场地器材、活动时间是其正常运行和改革发展的一个基本保障。校园足球课程、课外活动、训练、竞赛等活动开展以及发展,均需要以足球场地设施、器材器械为基础,需要以一定量的学校教育教学活动时间为基本条件。可以认为,在这两个方面上加大投入,能够有力推动青少年校园足球系统的演进。

即便是国家出台了与校园足球特色学校开展校园足球活动相关的政策,要求这类学校,建有标准的足球场地,每周 1 节足球课,每周 1 个小时足球活动。但是实际上,校园足球场地器材缺乏,活动时间不足,仍旧是困扰青少年校园足球活动开展的一个主要难题。探讨其成因,主要有以下几个方面:(1)用于建设校园足球场地的土地、资金限制。校园足球场地的建设是一个大工程,需要大面积的土地,至少上百万元建设资金。这些往往是中小学自身难以解决的。当然,近年来,从各省、市政府层面来推动这方面建设,通过下拨专项经费,在合适的场所上进行改造或新建,取得了一定成效。但是,一些建设的足球场地与学校有一定空间距离,这使校园足球场地缺乏的问题还未较好地解决。(2)受到主科课程学习时间的挤占。在校园足球活动开展时间上,主要受到了主科课程学习的挤占。有些与升学考试密切相关课程的学习时间，得到了较大程度的保障，这无形中影响了校园足球活动开展的时间。当然，有些地区尝试将足球技能考试纳入体育中考中来，以提升对校园足球活动开展的重视程度。然而，体育中考面窄，对中学体育课程教学内容的覆盖面小，对校园足球学习的带动暂时还不够。(3)受到其他体育课程学习时间的影响。在体育课程中，除了足球项目教学外，还需要传授其他较多体育项目的基本知识与技能。由于体育课程学时有限，加大足球课程或足球课外活动时间，势必会影响到其他体育运动项目教学，反之亦然。这就需要针对校园足球特色学校，在体育课程大纲以及教材中，予以合适的修订。

第三节　科学技术与方法输入的影响

科学技术发展推动着人类社会的进步，同样，校园足球相关科学技术发展是该系统发展演化的重要推动力。该系统发展碰到的诸多问题，例如领导和家长不重视、师资缺少、场地器材缺乏、活动时间有限、运行经费不足等，有些可通过校园足球管理方法、活动方式、传媒技术等改进或革新予以克服。

一、对校园足球普及系统的影响

科学技术与方法输入对校园足球普及系统的影响有：

(1)非正规足球活动方式引入课堂及课外活动。正规足球竞赛中要求22人(每队个11人)在标准足球场地上(长105米、宽68米)同场竞技。在这种竞赛方式下，对比赛人数、场地要求较高，而且基本上只能在室外进行，使足球课程开班数受到影响，而且受制于天气条件，不宜于在校园足球系统环境下广泛开展。非正规足球活动方式的推广，使足球活动更易于扎根校园。例如五人制足球赛的推广，10个人就可以组织起比赛，可将一块标准足球场地划分成若干块小场，供多个班级同时开课，也可在较小的室内场地开展。按此思路，有更多的校园足球活动方式等待去开发与推广，例如在低年龄段中开展校园足球游戏或是趣味足球教学。

(2)学生足球运动等级标准的研制。在体育系统中，足球运动员有专门的足球运动员等级评定标准，然而在学生足球参与者或运动员群体中还未有相应的足球运动水平评定标准。如果套用前者，很显然标准太高，区分度不明显。如果能研制出此标准，并投入使用，使该群体分层更为明显，有利于发挥高层群体的示范、引领作用。这有利于不同足球水平层次群体有针对性发展，全方位满足不同发展阶段学生足球参与者的需求，从而推动校园足球人口数量与质量的提升。

(3)校园足球人口监测技术的使用。校园足球普及人口的主体是普通学生足球爱好者。对此群体数量与质量检测技术的研发与运用，能掌握其增加、退出、流动的状况，其参与校园足球活动的状况，其足球运动水平状况等等。通过反馈引起校园足球活动、管理等子系统相应改革，这使校园足球提高人口系统与其活动、管理等系统间关系更为紧密，促进校园足球系统非线性提升。

二、对校园足球提高系统影响

科学技术与方法输入对校园足球提高系统影响有：

1.先进足球训练方法与手段的使用

校园足球课余训练是一种重要的提高活动，该活动的革新较大程度上源于新训练方法与手段的运用。例如，实战训练方法的运用与推广，使原先割裂式的单个技术训练时间大幅缩短，取而代之的是引入实战元素的组合式技术训练；使原先为了提高体能而进行体能训练的时间大幅减少，体能与技能的融合训练比重大幅提升；现代体能训练方法与手段流入校园足球提高系统，使全蹲、半蹲等传统力量练习动作减少，核心稳定性力量练习占了一定比重。这些足球训练方法与手段的演进，推动校园足球课余训练形式、内容的改变，使其质量随之提升，使学生足球运动员的整体水平得以提高。

2. 课余训练管理方法革新

校园足球课余训练管理是其训练质量的有力抓手，也是其训练体系发展的重要推动力。校园足球课余训练是教育与体育交融的一块主要区域，其中学训矛盾一直影响着其开展，这就是其管理需要攻克的一个难题。在这方面有效管理方法的使用，将对校园足球训练系统的发展有重要影响。这需要在对学生足球运动员学习成绩尽可能影响小的情况下，确保训练质量。例如，将体育课与课余训练安排在相邻时段，这样学生足球运动员可以在体育课内就开展训练，从而通过增加训练时间来确保其质量；严格把控训练过程，做好训练强度管理，做好训练效度管理，通过在有限训练时间内提升训练效率来确保其质量。

3. 校园足球竞赛组织方式革新

参与竞赛是对校园足球训练效果的检验，从竞赛中获得荣誉也是校园足球训练的一个目标。所以，校园足球竞赛组织方式变革对其训练以及整个提高系统演化均有较大影响。例如，在当前校园足球竞赛中，多数采用非联赛形式进行，即集中全部参赛队，在几天内完成比赛。这种竞赛组织方式下，校园足球训练量与强度会相对低些，有些甚至只在比赛临近前集训。若采用联赛形式的话，参赛次数多，竞赛周期长，各参赛队将会为每场比赛组织有效训练，这样校园足球训练量与强度会相对多些。校园足球训练量与强度将会影响其训练效果，进而影响到青少年足球后备人才培养质量。

三、对校园足球普及系统与提高系统间关系影响

科学技术与方法输入对校园足球普及系统与提高系统间关系影响有以下几个方面。

1.学生足球运动员的选拔方法革新

校园足球普及与提高系统间最重要的联系是两者之间学生足球运动员的流动。校园足球普及系统是基础，是提高系统中学生足球运动员的储备库。通过该系统内不断发展校园足球人口，提高其足球水平，形成不同水平群体梯队，为校园足球提高系统输送有潜力的学生运动员苗子。此外，通过该系统维系提高系统中足球水平暂时落后的或文化成绩较差的学生足球运动员。然而，这两系统内此关系的形成与学生足球运动员选拔方法有很大关系。如果依靠特招途径以及教练员粗略地选材，未经过校园足球普及系统培养环节，这样两系统间此关系是形成不了的。只有嵌入校园足球普及系统培养环节的选拔方法，才能建立起此关系。

2.校园足球普及系统内班级联赛、年级赛等举办模式革新

这种班级间、年级间竞赛是一种重要的校园足球普及活动，通过该活动能够激发学生足球参与者课内学习、课外锻炼的积极性，同样，通过该活动能够更为广泛、细致地考察有潜力的学生足球运动员苗子。所以，该活动是一个重要窗口，是校园足球普及系统内培养的一个重要环节。因此，这些竞赛组织方法的有效性显得尤为重要。如果这类竞赛活动集中在短时间内完成，则达不到长期激励学生足球参与者进行足球锻炼的效果，形成不了长期的、动态性的学生足球运动员苗子考察途径。

3.校园足球俱乐部或协会运行模式的革新

校园足球普及系统内这些组织承担着学生会员招募及其足球活动组织等任务，对学生课外足球活动参与度有重要影响，在拓展校园足球人口以及该群体足球水平中发挥重要作用。如果这些组织运行仅仅以扩大参与足球活动学生数量或是会员量为目的，是不足以与校园足球提高系统构成紧密联系的。这些组织运行方式还需以发展学生足球参与者足球专项水平为目的展开全方位的创新，使有潜力的学生运动员苗子能够不断涌现出来，为校园足球提高系统学生运动员流入提供有力支撑，使这两个系统间关系更为紧密。

第四节　信息输入的影响

校园足球系统的演化离不开各种相关信息的输入，这些信息涉及校园足球政策信息、活动信息、技术信息、资源信息等等。这些信息向该系统内输入，将催生出其内在发展动力，有助于该系统内校园足球人口体系扩大、管理体系更新、活动体系升级、资源体系拓展、文化体系感染力增强，使整体系统有序、高效地演进。

一、对校园足球普及系统影响

校园足球政策信息具有强大的撬动力，在启动该系统整体演化中具有重要作用。一般来说，政策信息中包含着校园足球发展的时代性要求以及发展方向的提示，也预示着外部各方面输入的增强。校园足球组织机构对此信息的敏感性很高，对其接受程度也较高，能较为快速地组织其有关力量，按信息指示开展校园足球系统的改革。近年来，有关校园足球普及化发展的政策信息对校园足球普及与提高协调发展系统的影响较大。例如，对校园足球特色学校规模扩大的中远期规划信息，使一些有基础的、有意向的学校按其标准展开了自我建设，从而推动该系统发展。

二、对校园足球提高系统影响

教育信息化发展是当前教育的一大发展趋势。同样，对校园足球提高系统运行和发展来说，信息的输入也至关重要。例如，学生足球运动员生源的信息，各类竞赛举办与结果的信息，运动训练科技信息，学生足球运动员输送的信息等，对该系统发展起到明显作用。

校园足球提高系统内主要活动是竞训活动，组织学生足球运动员参与课余运动训练，代表学校、地区参加市级以上足球运动竞赛。该类活动的效益与学生足球运动员专项能力息息相关，一方面需要加强课余足球运动训练，另一方面则依靠选材。由于选材过程中所面对的筛选对象量大、面广，所以获得有关足球运动员生源信息就显得极为重要，这样能有的放矢，节省时间、精力。此外，这类活动的效益与运动训练和参赛组织有密切关系。在科学的课外足球运动训练以及合理的参赛准备下，才能形成优异的竞训活动效益，这需要实时地了解青少年校园足球课余训练科技以及各种足球竞赛动态信息。还有，该类活动的效益体现在学生足球运动员输送量上。能够将优秀的学生足球运动员输送到高一级足球运动队中，表明了该体系的有效产出，也将会激励学生足球运动员积极参与训练与竞赛，同时这也需要实时了解高一级足球运动队招生的信息。

三、对校园足球普及系统与提高系统间关系影响

在政策信息的刺激下，在追求其所提出目标过程中，校园足球系统演化需求得到激发。在其新旧平衡状态间转移过程中，各种校园足球活动信息输入显得尤为重要，这类信息较大程度上牵引着该系统演化，时刻为其注入新的发展活力。这类信息涉及各级各类校园足球课程、训练、竞赛、锻炼、交流、评比、培训等信息。这类信息的丰富性以及传播广度直接影响校园足球活动开展的参与度。

校园足球系统演化过程中会面临诸多问题。在政策打开的情况下，很多是技术方法层面的问题。这类问题的解决不仅涉及各种技术方法的研制，还涉及其信息的传播。这些技术方法传播的广度与深度决定着其在校园足球系统内应用的普及度。

第五章　校园足球系统发展动力机制

导读

校园足球系统发展源自其系统内外各种动力的作用。该系统发展需依靠从外部环境中各种资源的输入来推动(外部动力)。在该系统内部各元素间竞争与协同的作用下,将外界环境中输入自身发展所需要的各种资源,转化为系统内部扩张所需的动力要素。接着,该系统涨落,即系统内部各元素相互间及其与外部系统间"起""伏"的状态差距,决定了该系统最终演化方向,是该系统突变、升级的重要推动力。最终决定系统演化方向的慢变量即为序参数,其通过各种途径支配着系统各个元素按新秩序发展。本章探讨了校园足球系统与教育、体育、企业以及家庭系统融合动力,分析了校园足球普及系统、提高系统以及"普及"与"提高"系统间竞争与合作、涨落态势以及序参数作用的具体表现。

第一节　互动、融合的发展动力

校园足球系统发展需依靠从外部环境中各种资源的输入来推动,这是该系统发展所需的外部动力。该系统发展更需要依靠系统内在条件改变所引起的演化需求来激发,这是该系统发展所需的内在动力。如果依仗外部动力推动该系统发展,这些外力不能及时、充分地被系统内部吸收、放大,形成合力，那么这样的发展也是暂时的。反之亦然，如果依仗系统内在动力推动其发展，得不到充足的外部动力注入，那么其内在动力也会逐渐枯萎。所以，只有不断有外部环境的资源输入，而且被系统主动、充分地吸收，内化为推动自身演化的能量，才能推动该系统持续发展，蜕变成更高层次系统。一般来说，该系统内校园足球“普及”与“提高”协调发展动力内化，表现为校园足球普及系统、提高系统与教育、体育、企业、家庭等外部关联系统的互动与融合，以及校园足球普及系统与提高系统间的互动与融合。

一、与教育系统的互动与融合

校园足球系统是教育系统内的一个子系统，这两系统间互动较多，融合度较高。基于德、智、体、美、劳全面发展的教育理念，体育是教育的一个重要组成部分，基本上学校里都开设体育课，组织课外体育活动，配备一定数量的专门教师，体育场地设施以及运行经费。足球是世界第一大体育运动，在学校体育中开展较早，具有一定的校园基础。近年来，在众多学校体育项目中，校园足球率先被推到发展轨道，这与学校加大与优先投入有关。在国家足球振兴战略引领下，在相关足球政策刺激下，在相关校园足球领导机构组织下，有基础、有需求的学校加大了对校园足球各方面投入，并且，通过引导、激励、扶持等手段，足球特色学校数量在全国范围内日益增长。在校园足球方面投入涉及足球师资引进与培养、高水平足球教练引进、学生足球训练队组建与扩大、足球课程开设、足球课外活动组织、足球场地器材增添等，即便着眼于学校个体时只涉及其中一个或几个方面的投入，而且投入量一般，这些投入也会促进学生运动员以及校园足球人口数量扩大。反之，校园足球系统向教育系统内直接输入的是体质强健、素质全面，有足球兴趣与特长的学生，以及健康、活跃、激励性强的校园文化氛围，这些有助于学校育人功能的实现。由此可见，基于子母系统关系，教育系统与校园足球系统间形成了广泛互动。

在推动校园足球普及与提高协调发展推动力的内化中，应注重校园足球普及系统与教育系统间在以下方面的互动与融合。(1)注重校园普及系统与教育系统间在学生培养间互动与融合。从本质上看,这两系统间共栖关系的核心在于学生培养间相互促进。学校以培养学生为己任,在当下越来越关注素质教育以及人的全面发展时,体育教育已然成为实现此方面教育目的的重要途径之一。在力推校园足球改革情况下,教育系统需要通过校园足球普及系统来增强学生体质、增进学生健康、磨炼学生意志品质等,同样校园足球普及系统在扩大校园足球人口时需以教育系统内广大学生群体为基础,从而使教育系统资源向校园足球普及系统输入,促进其发展。(2)注重校园足球普及系统与教育系统间在文化氛围培育间互动与融合。在当今学校中,越来越重视校风、班风的建设,这是一种隐性教育资源,无形中影响着学生的自觉性学习行为,塑造着其为人处世的品格。所以,应对那种健康、活跃、激励性强的校园文化氛围有所追求。校园足球普及系统中长期班级间、年级间足球竞赛活动,通过一定方式的培育,能够沉淀出较为浓郁的班级足球、年级足球、俱乐部球队文化氛围,蕴含着校风、班风所期望的品质。同时,该系统也需要将此文化氛围向外扩散,形成更广泛的影响面,成为校园足球人口培养的有力途径。(3)注重校园足球普及系统与教育系统间在校园足球人口培养间互动与融合。随着校园足球改革的推进和校园足球特色学校的不断发展,这类学校不但承担着培养学生的任务,更是担负起拓展校园足球人口的使命。这样,其与校园足球普及系统在满足此共同需求过程中交织在一起,使其对校园足球普及系统发展的支持力度更大,例如允许设置每周一节足球课等。

二、与体育系统的互动与融合

在体育系统中,管理着各梯队的专业足球运动队,其中涉及高水平运动员、教练员等群体,还管理着各级各类运动学校,有些是专门的足球学校。此外,通过足球协会来组织与发展社会足球活动。可以说,体育系统内具有校园足球系统运行所需的专业人力资源、技术资源、信息资源、场馆资源和一定的财力资源等。同样，在校园足球系统内具有体育系统内所需的资源。(1)广泛的儿童青少年足球基础。体育系统内需要不断的儿童青少年足球运动苗子的输入，来支撑其所管理的专业足球运动的运行与发展。教育系统内儿童青少年群体量大，通过校园足球系统培养与海选的足球运动员，是体育系统内儿童青少年足球运动苗子最有力的输送源。(2)具有专业的教育资源。体育系统内专业足球运动员成长环境是大量的训练与比赛，文化等方面的培养较少，力量也弱，这些缺陷会导致运动员的运动寿命降低，不良社会影响上升，学历低(影响退役后就业)。体育系统内专业运动员有回校园接受文化等教育的需要。(3)具有就业岗位资源。体育系统内足球运动员退役或退出量大，目前在该系统内对这些群体安置能力已经非常有限了。随着校园足球系统的发展，依托庞大的教育系统，对这些专业足球人员的需求量还是很广泛的。

在推动校园足球普及与提高协调发展推动力的内化中，应注重校园足球普及系统与体育系统间在以下方面的互动与融合。(1)注重校园足球普及系统与各级足球协会在校园足球普及活动开展中的互动与融合。校园足球普及活动开展是该系统的一个核心环节，在校园足球人口扩展及其足球水平提升中发挥重要作用，即便拥有这么大的人群平台，但由于缺乏该活动开展所需的专业人员、技术，该活动的功能未能有效发挥。同样，足球协会具有举办该类活动的专业人力资源，例如裁判员、教练员、赛事组织人员等，也有该类活动举办的有效模式与丰富经验。然而，其对儿童青少年群体足球技能培养还是有限的，也有扩大服务面的需求。两者在校内足球竞赛开展、课外足球培训上有广泛互动空间。(2)注重校园足球普及系统与体育系统内高水平足球运动队间在校园足球文化培育上的互动与融合。校园足球普及文化的培育是推动校园足球人口发展的一股隐形力量，虽然可以在班队、校队等队徽、队旗、队歌、队口号、队吉祥物、队名等方面下文化功夫，也可以从高水平比赛资料的传播中来烘托、凝聚校园足球文化，但还是需要开展高水平足球运动队进校园等高层次文化活动，通过展示球星风采、球队历史、球队文化、高超球技来带动校园足球文化发展。同样，为了回馈或拓展球迷，使这项运动得到可持续发展，高水足球运动队在训练竞赛之余，也需要与广大群众近距离接触。

三、与企业系统的互动与融合

在体育产业领域中，具有儿童青少年足球培训、足球赛事与文化活动策划与推广等业务的企业。这些企业中也招聘了一批足球培训师、赛事与文化活动策划与组织人员，特别是这些企业在这些业务上注入了一定的资本，不断地开发、提升其主营业务品质，在运行机制上较为灵活，受体制约束相对小。这些对于校园足球系统来说，蕴藏着各种足球专业资源，是该系统演化可以运用的一股极为重要的社会力量。此外，与这些企业的互动与融合，能够使该系统运行的经费链进一步拓展，毕竟收费对机关与事业单位来说是一项制约性较高的行为。同样，对于这些企业来说，校园足球系统内聚集了诸多其所需的资源。(1)校园足球系统内有这些企业所需的产品销售市场。市场是企业各种交易的集中区域，其繁荣程度影响着企业的生存与发展。一般来说，这些企业所提供的足球培训服务在校外进行，足球赛事策划针对社会群体。随着社会公共服务购买政策的深化，社会力量越来越多地融入社会公共服务产品的供给中。所以，在校园足球系统的逐渐开放过程中，能够形成这些企业所需的销售市场。此外，这些企业介入校园足球系统也能推动其社会市场的拓展以及可持续发展。(2)校园足球系统内有这些企业所需的人才市场。员工的数量是企业运行的重要因素，特别是能力突出员工的数量。教育系统内有一定数量的体育教师，这些是企业能开发的人才资源，通过对其进行培训，使其转化为企业兼职的业务骨干。即便当前这方面受到体制制约，但也不能排除以后有条件的放开。(3)校园足球系统内有这些企业所需的足球场地设施。足球场地设施是这些企业开展业务活动的重要保障，由于这方面投入费用高，这些企业很多都是租用教育系统与体育系统的场地设施，这也是能够推动校园足球系统与企业系统间互动与融合的一个重要方面。

综上所述，对于企业来说，并不是非常注重学生能够在重要赛事上获得好成绩，而是重视有多少学生能够参与到其所策划与组织的活动中来，并能够维持下去、扩大开来，这与校园足球普及活动系统运行的主旨较为一致。所以，在推动校园足球普及与提高协调发展推动力的内化中，应注重校园足球普及系统与企业系统间在以下方面的互动与融合。(1)两者在课外足球技能培养中的互动与融合。在校园足球中，仅仅靠开设足球课拓展校园足球人口是不够的，还需在此基础上抓足球课外活动中足球技能的培养等。在课外足球活动参与中，学生参与自主性较强，形式相对松散，由于学校资源有限，其组织与指导质量难以得到保证。在这些活动中，企业的介入能够不断研发能吸引学生的课外足球活动形式，并使其组织与指导质量得到一定保证。(2)两者在校园足球普及赛事活动开展中的互动与融合。校园足球普及赛事活动主要涉及班级间、年级间开展的足球竞赛，一般由校内体育部门来组织。由于该部门所承担任务较多，其主要精力放在教学、课余训练、校队竞赛、综合性校运会等方面，在这些普及竞赛活动中难以很好兼顾，活力有限，使其对校园足球普及文化塑造的作用不突出。企业在这方面有人力、技术，可通过公共服务购买等形式，与学校展开合作。(3)两者在校园足球场地设施利用上的互动与融合。一般来说，学校里配备了适合校园足球开展的场地设施，然而对其更新、维护、开发以及利用上所做不够，这也源于管理精力有限。相关企业为了最大限度降低成本，有意愿与学校在校园足球场地设施开发利用上展开合作，投入资金对其进行改造、开发、升级，并投入精力进行管理，以获得一些有条件的使用权。

四、与家庭系统的互动与融合

家庭系统与校园足球系统的运行与发展存在密切联系。学生是校园足球系统的主体，其校园足球参与程度极大程度上影响着其发展。家庭则能为学生校园足球参与提供保障，是校园足球系统得以发展的一个重要基础。能够举众多家庭之力来办校园足球，无疑是一种良性机制。家庭为其提供智力支持与精神鼓励。家长支持子女参与是重要推动力，当孩子在参与过程中遇到问题时能帮其分析问题并找到解决途径，当孩子在参与过程中韧性不够或有意退出时能予以及时的引导、鼓励等。此外，家庭还能为其提供财物保障。校园足球系统运行成本的一个落脚点还是在家庭系统上，有些成本分解至众多家庭时就变得相对少了。家庭能为孩子提供一些校园足球活动参与过程中指导、参赛、参加训练营等费用，也能为孩子购置此过程中所需的物品，例如足球、足球服装、足球鞋与护具等。同样，校园足球系统也能满足家庭对子女培养的需求，这些需求涉及促进孩子身心健康，培养孩子特长与兴趣，谋求升学途径等。

在推动校园足球普及与提高协调发展推动力的内化中，应注重校园足球普及系统与家庭系统间在以下方面的互动与融合。(1)两者在推动学生校园足球普及活动参与过程中的互动与融合。学生是校园足球普及活动的参与主体，该活动学生数量的不断发展，是校园足球普及系统演化的一个基础。在校内，通过增加足球课程、课外足球竞赛与文化活动开展数量，开展形式创新，宣传力度加大等途径，来吸引、引导、激励学生参与至校园足球普及活动中。由于其在校内是一种集体性推动，很难细化到每个学生的动员，并且时间、区域也有所限制，这就需要通过常态化的信息交流、政策上支持、体制上开放，让广大家庭在课余时间内发挥此方面作用。(2)两者在扩大校园足球普及文化熏陶面上的互动与融合。校园足球普及文化熏陶是激发学生参与校园足球普及活动的一股重要力量。在校园内，通过足球课程与课外足球文化活动进行精神文化传递，可通过足球场地设施和各种活动上予以物质文化的感染，通过班队、年级队文化予以熏陶。在校外时，可由家庭来组织一些足球文化活动，例如观看高水平足球比赛等。(3)两者在分担校园足球普及系统运行成本上的互动与融合。经费、人员、技术等是制约校园足球普及系统发展的重要因素。依托教育系统的投入是比较有限的，因为校园足球只是该系统内一个较小的组成部分。因此，要推进校园足球普及系统发展，需依靠家庭给孩子购买一些足球参与用品，承担参与足球培训的费用，安排一些能够胜任的家庭足球锻炼任务。

五、校园足球普及系统与提高系统间的互动与融合

校园足球普及系统与提高系统是一条系统链。前者处于基层，不断提高校园足球人口数量与质量，形成青少年足球参与的群体基础；后者处于高层，不断挖掘更有专门性发展，有潜力的学生足球运动员，形成青少年足球后备人才的储备库。如果校园足球普及系统未能与提高系统形成紧密的联系，那么这两个系统间的链条就会脱节，在资源有限的情况下，校园足球普及的实质性投入就会受到挤压，使该系统发展受限，进而使两系统间不协调，当前就是处于此状态下。要想这两者间产生紧密联系，形成一个相互融合的统一体，共同演进，这需要构筑起这两者在人口、活动、管理、文化等子系统间互动与融合。在这方面，这两者间具有一定的基础。在人口子系统中，校园足球普及系统中的学生足球参与者，是其普及系统中学生足球运动员的储备库，反过来，后者是前者的一个重要发展方向。在活动子系统间，校园足球普及活动是提高活动的基础，提高活动是普及活动的深化，在普及活动培养基础上使得提高活动培养能够更为深入，在其深入过程中又需要普及活动培养随之跟进。在管理子系统上，校园足球普及与提高工作所需的人员、资金、场地设施等资源共享程度高，这使得两者管理系统上衔接紧密。在文化系统上，两系统所倡导的文化间互为依托，校园足球普及文化能较大范围地激发学生参与校园足球活动的浅层需求，在校园足球提高文化感染下，使其逐步向校园足球训练、竞技等深层需求转化。

在推动校园足球普及与提高协调发展推动力的内化中，应注重校园足球普及系统与提高系统间在以下方面的互动与融合。(1)两者在学生足球运动员培养上的互动与融合。学生足球运动员培养是校园足球提高系统运行的一个主要功能，其培养数量与质量的提升是该系统发展的一个重要体现。然而，这方面也与校园足球普及系统有密切关系，在学生足球运动员前期运动基础打造、其数量基础拓宽及其选拔上，该系统可发挥重要作用。要让这两系统在此方面互动更紧密，更好地融合在一起，需要在校园足球体系

顶层设计上有所约束。从宏观制度上引导或要求校园足球提高系统的运行与发展，是为了更好地培养学生足球运动员，而非无限地放大锦标主义，纯粹为了获得比赛胜利而带来的荣誉。为此，在学生足球运动员参加的赛事与其特招制度上均应有合适的约束。例如，为了获得比赛胜利大批引入优秀学生足球运动员，这势必会影响自身培养。此外，还需实施校园足球运动等级评定制度，引导、激励学生足球参与者专项技术水平不断上升；完善校园足球班级间竞赛体系，推动学生足球运动员大面积选拔的开展。(2)两者在学生足球参与者发展上的互动与融合。尽可能地发展学生足球参与者，扩大校园足球人口是校园足球普及工作的核心任务，其与校园足球提高系统内学生足球运动员发展存在密切关联。要使这两系统在此方面上关系更为密切，需要校园足球提高系统内资源流向普及系统，来提高学生足球参与者发展效果。在此过程中，通过信息要素流入，吸引、动员更多学生参与进来；通过技术要素流入，这些学生足球参与者能拥有更为专业的发展环境；通过活动要素流入，校园足球普及系统内能够担负起更大群体学生参与足球活动。

第二节　竞争、协同的发展动力

校园足球系统的发展需要外界环境输入各种自身发展所需要的资源，然后转化为系统内部扩张所需的动力要素，这是该系统发展内在动力生根发芽的基础。随后，在系统开放性增强的前提下，这些动力要素需要不断发展、壮大，推动该系统持续演化，这需要通过系统内部各要素间竞争与协同的作用来实现。通过系统内各要素间竞争，系统内部非平衡性得以提升，推动其演化。当外部资源输入，新元素或先进元素得到培育，这些元素在与旧元素或落后元素竞争过程中逐步占据优势位置，使这两者之间差距逐步拉大，这撬动了原来系统稳定状态，将其推向非稳态区域，向更高层次的新系统稳态转变。此外，通过系统内各元素间协调，系统内部非线性增加，进而推动其演化。经校园足球系统内部竞争，该系统内部的等级化明显、分化程度提高，这样使同质元素更加聚集，相互间配合协作程度更高，从而加深系统内部非线性。

一、校园足球普及系统内竞争与协同

推动校园足球普及与提高协调发展过程中，应注重普及系统内的竞争与协同，这两个方面的培育对该系统演变有重要影响。该系统内可形成多方面的竞争与协同，可涉及校园足球普及人口培养方面、校园足球普及活动开展方面、校园足球普及活动管理效果方面和校园足球普及文化塑造方面等。

校园足球普及人口培养的竞争与协同。校园足球普及人口培养是该系统运行的一个终极任务，其完成程度体现着其运行的终极目的。所以，形成校园足球普及人口培养方面的竞争与协同，对该系统的演化有突出影响。该方面涉及校园足球人口数量与运动水平的竞争与协同，具体表现为，不同学校、区域、城市在这两个方面的竞争与协同。随着校园足球改革的推进，对其普及化极为重视，在该系统顶层展开了相应设计，例如足球特色学校、示范区域、试点城市规模的扩展等。加大对此方面的资源投入，建立起以校园足球普及人口培养效果为标准的竞争性资源分配方式，从而推动这些社会设置有针对性地改进、变革内部微校园足球普及系统，使有效的、新的元素得以形成与发展，并通过不断聚合形成优势，使更多的优质校园足球学校、区县以及城市建立起来。此外，形成校园足球推广竞争性奖励方式，让非校园足球布局学校、区域、城市，在校园足球普及中所取得的成绩上，也具有竞争平台，可以展示与比较校园足球普及过程中的亮点，这样能使更多、更好地适应校园足球普及模式得以开发与运用，使校园足球普及人口面进一步扩展。

校园足球普及活动开展的竞争与协同。校园足球普及活动涉及校园足球课程、普及性足球竞赛等，这些活动中的学生为了取得优异的考试成绩、较高的比赛名次以及高层次的运动等级等，相互间存在较为广泛的竞争。这些竞争，使所参与的学生间足球运动水平等级化逐渐显现出来，形成了不同等级的学生群体。通过不同水平课程与竞赛的组织，使水平相近的学生能更广泛地聚合在一起，深入交流互动，进而展开更高层次的竞争。如何激发学生参与校园足球活动中竞争的积极性是一个重要议题，这需从学生需求出发，构建起合适机制来引导、激发其参与竞争的动力。例如这方面表现与升学的联系，与评优评奖的联系，与学生成就感、自我效能感提升的联系，从设置外部诱因着手，以培养其内在动机为根本。此外，形成校园足球普及活动从事人员间在业务上的竞争与协同。通过这些校园足球普及活动从事人员间竞争与协同，推动他们业务能力的分化，并逐步向业务能力较为出色的群体聚集，从而使这些人员整体业务能力得以演进。校园足球课程教师是该群体的主体，从事着最为正规、系统、高效的校园足球教学活动。可通过在学校内、区域或全国学校间形成功勋、卓越、优秀校园足球教师评比机制，将勤勤恳恳，长年累月付出的，业务极为突出的，有某一亮点的校园足球教师烘托出来，激励该教师队伍在业务能力上的提升。如何量化突显出其业务能力或贡献是一个重要议题，可从事迹评述、教学质量评比、课外活动创新评比等方式着手，形成相应机制。

校园足球普及管理开展的竞争与协同。校园足球普及管理掌控着校园足球普及系统运行及发展所需各种资源的运用与开发，对其运行模式与发展规模等具有决定性影响。校园足球普及管理系统中涉及高层领导人员、中层组织人员、基层操作人员，包括校园足球系统中人、财、物及其发展管理。在这方面形成合适的竞争与协同机制，可以使更多优秀团队涌现出来，激励着整体管理队伍能力的提升，可推动校园足球普及管理团队的演化与升级。当前，在全国校园足球工作领导小组统筹布局下，在省、市以及足球特色学校内设有各级的校园足球工作领导小组，通过构建校园足球普及工作优秀团队评比等方式，构筑起各省、市、学校间在校园足球普及管理上的竞争与协同机制，使该管理体系得以不断优化。在此过程中，带动校园足球普及管理模式上的竞争与协同。校园足球普及工作不仅需要有才干的管理人员来做，而且需要运用有效的方式、方法来管理，这些方面需要通过不断地创新来保持其效果，在推动校园足球普及管理团队演化过程中，必将带动其管理模式的不断创新。

校园足球普及文化塑造的竞争与协同。校园足球普及文化在塑造过程中也需要竞争与协调机制的介入。虽然，校园足球普及文化的主旨是较为明确的，即为促进学生体质健康、培养终身体育能力，善于踢球、热爱足球等，然而其所展现出来的形式是多种多样的。校园足球普及系统内各种元素可以作为体现该文化的载体，其感染力的塑造方式也是形态万千的。这就需要有一股系统的内在力量来推动该文化持续演化，形成较强的感染力，这股力量可形成于班级间在校园足球普及文化塑造的竞争与协同中。班级是校园足球普及系统内一个基层组织形式，所有班级足球文化整合在一起就形成了校园足球普及文化，以其为基核来推动校园足球普及文化的演化，使其更富多样性，感染面更广（与个体互动更紧密）。在此方面，可通过引导、激励以及宣传各班级足球文化的塑造，形成各班级间相互学习与攀比的势头，在不断异化与交融的过程中，使其逐步呈现出多样化的、具有感染力的形态。班级间校园足球文化塑造的竞争与协同可以延伸至各年级层面、各学校层面等，从而构筑起具有更大影响范围的校园足球普及文化。

二、校园足球提高系统内竞争与协同

推动校园足球普及与提高协调发展过程中，基于两系统间的关联性，也需重视其提高系统相应的演化，其演化动力在于该系统内部元素间竞争与协同。与校园足球普及系统有所差别的是，其提高系统内所存在的竞争与协同有其自身特殊性，在校园足球提高人口子系统内侧重推动学生足球运动员群体的扩大以及足球水平的提升，在校园足球提高活动系统中侧重推动校园足球提高活动开展质量提升，在校园足球提高管理活动系统中侧重推动其提高工作水平提升，在校园足球提高管理活动系统中侧重推动其提高文化的塑造。

校园足球提高人口培养的竞争与协同。校园足球提高人口指那些足球水平已经达到一定程度，被选拔进入学校课余训练队，代表学校参加各类重要比赛的学生足球运动员。这部分群体数量的增加及其足球运动水平的提升是校园足球系统运行的一个最终产出，体现着校园足球为国家足球提供的基础。这些方面的竞争与协同主要体现在学校层面，针对学校内学生足球运动员数量与水平展开。省、市、地区内各学校间校园足球竞赛的开展为各学校此方面的竞争与协同提供了较好的平台。通过这些竞赛的引导与激励，使学校开始选拔有潜力的学生足球运动员，组建起学校足球队进行规律性训练，代表学校参与竞赛。在竞赛过程中，也促进了各学校间的交流，推动了各自办队水平提升以及学生足球运动员运动水平的发展。同样，各校足球队间竞赛的发展也带动校园足球提高人口群体的演化。随着提高类竞赛规模的扩大、类型的增多、水平的提升、层次的拓宽，将会推动参赛队伍规模的扩大以及其他相应变化，从而使校园足球提高人口数量增加及其运动水平提高。

校园足球提高活动开展的竞争与协同。参赛、课外训练、夏令营集训等是校园足球提高的主要活动。这些活动水平的提高离不开该子系统内元素间的竞争与协同。这一方面展现于学生足球运动员之间。为了获取校园足球提高活动相关资源，这些群体内相互间有所竞争，涉及竞争留队、竞争参赛、竞争主力、竞争输送、竞争优质环境等等，其足球运动水平、发展潜能、队内关系等是决定这些竞争结果的一些重要方面。这些竞争，使优秀的、有潜力的学生足球运动员持续地被筛选出来，使其获得优质训练环境的保障，使其校园足球提高活动的参与动机加强，这些推动着学生足球运动员运动水平的提升，同时也需要校园足球提高活动相应的演进，以满足他(她)们运动水平不断发展的需求。这另一方面展现在足球队教练以及训练辅导人员之间。当前一般条件下，学校内足球教练员较少，只有固定的1～2个教练员担负着课外足球训练、竞赛等工作。在这种情况下，可形成教练员自我竞争的机制。例如，设置不同层次的业绩目标，达到相应目标给予一定的奖励，使其通过不断挑战自我来推动其业务能力的提升。此外，随着校园足球的发展，在不同年龄段、各性别的学生足球队组建起来的过程中，学校内足球教练队伍将会逐渐壮大起来，再加上学校聘用制度逐渐灵活，社会上足球教练资源也能流入校园，在这种情况下，可通过竞聘上岗制度来推动教练员群体业务能力的发展，同时带动校园足球提高活动的创新与变革。

校园足球提高工作管理开展的竞争与协同。与校园足球普及工作管理一样，其提高工作管理系统的演化是推动校园足球发展的一个重要因素。要推动此管理系统的演化，需形成其内部要素间相互竞争与协同机制。由于单所学校内该系统较为薄弱，难以形成系统演化动力，所以这些机制建立在学校层面较为合适，架构在全国、全省各学校所形成的校园足球提高工作管理大系统中，各学校间在校园足球提高工作管理上展开竞争与协同对该系统演化的推动力更强。这可通过构建校园足球提高工作管理的评估机制，从学生运动员管理、教练员与训练辅助人员管理、训练课与竞赛活动管理，相关的经费、场地管理等方面着手，对各校园足球特色学校在此方面给予一个全面而准确的评定，从而营造各学校之间相互比较的氛围，推动此方面管理模式的演进。其中，如何研制全面、合理的校园足球普及工作评价标准是通过此途径引发各学校间竞争的关键。此外，还需搭建起基于此标准的校园足球普及工作管理评估体系，涉及评估工作小组组建、评估工作细则制定、基于评估结果的奖惩办法、评估信息管理等等。

校园足球提高文化塑造的竞争与协同。校园足球提高文化展现着代表学校最高水平的运动队文化，具有较高影响力赛事的文化，艰辛付出与不断挑战自我的训练文化等。在校园足球提高体系中，通过对运动队、竞赛以及训练相关元素的文化塑造来形成无形的精神力量，来激励学生足球运动员乐于为运动队奉献，在有影响力的赛事中努力拼搏，在平时课外训练中挥汗如雨。例如运动队队歌、队旗、队标、吉祥物等运动队文化元素的形成，比赛啦啦队、比赛历史、比赛拼搏故事、各项技术统计的记录等赛事文化元素的形成，以及训练口号、训练日志、训练场所内与文化相关的布置等训练文化元素的形成。这些需要通过形成合适的竞争与协同机制来推动其不断演化。

其一，通过培育典型来带动学校间在校园足球提高文化塑造竞争，从而推动其发展。通过全国足球工作领导小组的筹划，着力培育个别条件较好学校的运动队与训练活动文化，以及影响力较高的赛事文化，再将这些培育成果向其他学校、赛事推广，激发它们的主体对校园足球提高文化塑造优势的追逐，从而推动其整体演进。

其二，通过促进学校间、各赛事主办单位间广泛交流校园足球提高文化的建设，在相互比较与帮助中推动该文化系统的演化。这方面可以通过定期举行校园足球提高文化的研讨会、交流会等途径来实现，在这些交流过程中，可激发各学校对自身不足的认识，同时传播一些形成该文化的新元素、展现该文化的新形式，以及提升该文化感染力的新途径。

三、校园足球普及系统与提高系统间竞争与协同

校园足球普及系统与提高系统不在一个层面上，导致它们运行目的、任务有所不同，各子系统运行方向有所差异。例如，校园足球普及人口系统侧重学生足球参与者量上发展，其提高人口系统侧重学生足球运动员专项水平提升，前者在学生足球参与者培养上占优势，后者在学生足球运动员培养上占优势，在这个层面上两者难以形成同质的竞争与协同。但是，校园足球资源是这两系统运行与发展都需要的，存在一定程度的竞争与协同，例如在从事人员配备上、在运行经费投入上、在场馆设施使用上等等。目前来看，校园足球提高系统占有绝对优势，占据了绝大多数资源，这使其普及系统的运行与发展受限。

在推动校园足球普及与提高协调发展推动力的发展中，应注重校园足球普及系统相对于其提高系统在资源竞争力上的提升。其一，形成一套校园足球普及工作标准，从规范运行中提升资源竞争力。受竞技体育制度影响，校园足球提高工作的规范性较强，而且有一定历史积淀，基本围绕招生、训练、比赛、输送（升学）展开，配备相应资源。然而，校园足球普及工作范围、规程、绩效等较为模糊，例如有些认为开展好足球课就行，有些则认为其

工作面可拓展至课外，甚至辐射至校外。这需要形成一套切实可行的，有助于校园足球人口拓展的，能与其提高系统融合的校园足球普及工作标准，来规范和推动这项工作的开展。这样，在推行该标准过程中，相关资源就会流入至校园足球普及系统中。

其二，形成一套校园足球普及工作量化评价体系，从量化业绩中提升资源竞争力。对校园足球提高工作评价有多方面量化指标，例如在重要比赛中所取得的成绩、学生足球运动员所获得的运动员等级称号、向上输送的学生足球运动员量、参与社会活动所带来的影响等等，这些指标的重要性普遍受到认可。然而，校园足球普及工作评价的量化程度不高，缺乏一些认同度高的评价指标，这需要通过从机制上、政策上以及资源分配上加以引导，架构起此类评价指标体系。例如，实施学生足球运动水平等级评定制度，可以以具有一定足球水平的学生量作为一个评价指标。当然，这还需要校园足球系统的顶层管理者转变对校园足球工作的观念。

其三，形成一种校园足球普及与提高工作协同机制，在融合强化中提升资源竞争力。优秀青少年足球后备人才培养是校园足球工作的一个重要内容，是实现振兴国足战略的一个重要途径。虽然，校园足球提高工作对此有较大作用，但是也离不开校园足球普及工作的贡献。在实践中，如何将校园足球普及工作与提高工作为此共同任务捆绑在一起，通过两者协同形成一个对外更有资源竞争力的整体，是提升校园足球普及系统资源竞争力的重要途径。例如，对学生足球运动员特招制度的改进。在一个不依靠自身校园足球普及工作开展来获得学生足球运动员，而是依赖外源性输入（特招、体育系统引入等）的学校中，怎能通过这方面提升其资源竞争力？按此种机制，校园足球学生运动员的选拔形不成规模，这将弱化校园足球普及与提高工作的协同，在一定程度上致使前者边缘化。

第三节　系统涨落的发展动力

校园足球系统内部的开放性、非平衡性以及非线性是其演化的内部条件，从外部环境中摄取各种物质、能量、信息等资源是其演化的外部条件，外界资源流向该系统的主要元素提升了其向外界开放的有效性，系统内部的竞争与协同提升了该系统的非平衡性与非线性，使该系统呈现出多元演化态势，内部各元素间相关性更高。系统涨落则是决定该系统最终演化方向的诱因，是该系统突变、升级的重要推动力。它是指系统内部各元素、相互间及其与外部系统间“起”“伏”的状态差距，这种状态差构成了一种系统势能，在此作用下，源自系统内外各种资源流向优势元素，使其发展壮大，其劣势元素则因失去各种资源而沉寂、消亡，如果系统内这种涨落作用持续累积与扩大，形成巨涨落，整个系统将朝着新稳态演变。可见，校园足球系统内外部发展条件通该系统涨落而发挥作用，推动其新旧稳态交替，形成一个更高级的形态。

一、校园足球普及系统内涨落及其关联扩大

校园足球普及系统内涨落是指该子系统内各元素及其相互间状态的差距，可以用一些流量来体现。在其人口子系统内，学生足球参与者流入量和退出量体现着该群体人口状态的变动。前者能展现该群体人口正相涨落，与该群体人口数量提升关系密切；后者能展现该群体人口负相涨落，与该群体人口数量降低关系密切。在其活动子系统内，主要涉及学生校园足球活动参与量与足球运动水平两个方面状态的变化。同样，促进这些状态提升的正相涨落可通过学生校园足球活动参与增量与足球运动水平提高量来体现，负相涨落可通过前者减量与后者降低量来体现。在其管理子系统上，涉及校园足球普及工作人员管理绩效、活动管理绩效、学生足球参与者管理绩

效等状态，其涨落同样体现于各种管理绩效的增量与降量中。在其文化子系统中，校园足球普及文化涨落体现在其普及精神、制度以及物质文化感染力的增、降量中。

学生足球参与者群体数量的涨落将会影响到校园足球普及人口数量，后者发展程度是校园足球普及人口系统演化的一个重要体现。该类群体的流入量与退出量，展现了校园足球普及人口系统与外界学生系统间状态差距。当前者发展状态好、处于“涨”态时，这两系统状态间势能差使学生流向校园足球普及系统内，使学生足球参与者增长；当前者发展状态弱、处于“落”态时，这两系统状态间势能差使校园足球普及系统内学生足球参与者退出，回到外界学生系统内。可见，校园足球普及人口系统的演化需要强化该系统“涨”态，抑制其“落”态。一般来说，该系统“涨”态与该系统内人口饱和度、群体吸引力与聚合力密切相关。当校园足球普及人口系统内学生足球参与者实际数量远低于其环境所能容纳数量时，该系统内人口饱和度较低，环境承载力较强，从而形成一种学生校园足球参与的推动力。此外，该系统内学生足球参与者群体中所具有的参与乐趣、强健体魄、娴熟技艺、人际交往等等所形成的群体吸引力能够牵引外界学生流入该系统中。由此可见，该群体魅力的塑造对该系统的演化有较大作用。当校园足球普及人口系统内学生足球参与者群体聚合力较弱时，产生了一些不公平竞争、关系不融洽、歧视偏见的现象，将会造成该群体人口退出。当然，“重文轻武”、应试教育、升学压力等因素的存在，也会助长外界学生系统的势能。

校园足球普及活动子系统内各元素能够确保所有学生足球活动参与量，并处于一定的运动水平，是该系统运行与发展的核心目标。所以，学生足球参与者的活动量及运动水平是该系统内核心状态变量，其涨落将会极大程度上影响着该子系统的发展。在学生足球参与活动量上，其涨落体现着两个方面的势能差。一方面是校园足球普及活动系统与校园活动系统间势能差，由于学生精力、时间有限以及参与意愿有差异，这方面资源就随这两个系统间势能差流动。当政策支持时，校园足球普及活动系统就会处于“涨”态，学生校园足球普及活动参与时间与精力相对会多，然而，其他课程活动以及其他体育项目活动的吸引力或规定性，将会影响到该系统的“涨”态，导致这些资源外流。另一方面，是该系统内的自身状态的势能差，即不同时段内学生足球参与活动量的变化。随着校园足球普及活动系统内部环境的改善，例如工作人员数量、场地设施数量、足球课程数量等增加，该系统就会朝着“涨”态发展。在学生足球参与者群体运动水平上，其涨落主要体现在校园足球系统内部状态的差距，在不同时段上学生足球参与者群体运动水平存在波动，当足球课程任课教师整体专业水准提升时，当课外参与足球培训数量增加时，当学生足球运动水平评定及其激励制度出台后，当班内联赛、年级内联赛水平逐步提升时等等，这些将推动该系统势能提升，促进学生足球参与者整体运动水平的发展。当然，如果领导层只注重校园足球学生参与者活动量的发展而忽视其质的发展，这也将抑制该系统势能，使该群体运动水平得不到有效发展。

同样，校园足球普及系统内学生参与者群体的活动参数量与其运动水平间状态变化也是存在关联的，两者正相涨落间叠加所形成的更大正相涨落，将对校园足球活动系统演化产生更大的推进力，这就使两者涨落间关联扩大。一般来说，当学生足球参与者足球活动量越多，对其足球运动水平增长是非常有利的，只要注重这些活动的品质，其足球水平就能得到一定发展。反过来，当学生足球参与者运动水平提升，伴随着在校园足球普及活动系统内自我效能感的提升，相应地能获得更多的成功喜悦以及竞赛激情，这将会使得学生的精力与时间更多地投入至该系统中来。所以，在推动校园足球普及活动系统发展时，要把握学生足球参与者活动量的提升、其运动水平的升华以及这两者间正相涨落的关联扩大。

在校园足球普及管理系统内，校园足球普及工作人员管理绩效、普及活动管理绩效以及学生参与者管理绩效等状态的变化，将会影响到校园足球普及系统内各种资源的合理分配、有效利用以及充分开发，进而影响到校园足球普及管理系统的演化。校园足球普及工作人员管理绩效的涨落展现在工作人员数量、业务水平以及业务热情度状态的波动等方面，这些都会受到诸多因素影响：

1.受到招聘量的影响

校园足球普及工作人员增多源自其管理子系统的招聘活动，相关工作人员招聘量的提升能给该群体注入新力量。由于编制聘用受教育系统限制，对工作人员数量的拓展空间有限，其发展需要通过灵活的聘用方式对各种类型工作人员数量予以全方位的发展。校园足球普及工作人员类型可涉及该工作管理者、教师、临时聘用人员以及来自社会足球相关企业员工和家长们等。

2.受到培训次数的影响

校园足球普及工作人员的培训是提升其业务水平的一个主要途径，通过搭建优质的培训平台可使这些工作人员与普及工作管理、各层面足球教学、辅导及这项运动的有关知识能够不断更新，有关技能得到不断锻炼，有关业务操守得到不断熏陶，从而使整体水平得以演化。在这方面上，要挖掘教育系统与体育系统内与校园足球有关的各种资源，打造一批有引领力的校园足球普及工作宣讲团。

3.受到激励经费的影响

校园足球普及工作者的业务热情度需要一套完善的激励体系来激发、培育与维持。这套激励体系中可涉及普及工作的绩效、突出贡献的奖励、额外付出的肯定等等，这些较大程度上受到激励经费数量的影响，经费支出对于教育系统来说过于专门性，国家足球协会在使用国家足球联赛的创收时，在这方面应有所投入。此外，校园足球普及活动以及学生足球参与者“质”与“量”状态的波动也会受到多方面因素影响，这在后面章节中会着重探讨。这两者与普及工作人员管理绩效的波动关联在一起，将会形成一个对校园足球普及管理系统有较大影响的巨涨落。

在校园足球普及文化系统内，校园足球普及精神文化、制度文化以及物质文化的感染力状态波动展现了该子系统内的主要涨落，这些涨落间效应的关联扩大是该系统演化的强大推动力。较为具体的，这些状态波动可量化为校园足球普及工作制度化程度变化，以及其文化活动、物品、传播量的变化，这些受到如下因素的影响：

1. 受到校园足球普及文化工作人员数量（或是任务数量）的影响

校园足球普及文化系统主要元素状态的变化首先需取决于从事此类工作人员数量，在工作人员数量变化不大情况下，取决于安排此类工作任务的数量，其变化会影响校园足球普及文化活动的开展、物品的制作、传播面的扩大，以及其各项制度的建设。目前，在基层学校中，工作人员基本上围绕着校园足球竞赛、教学等开展工作，少有针对性地开展校园足球普及文化工作。所以，这需要从顶层设计开始，形成一套从上而下的工作体系，从而来推动这方面工作人员或是任务数量的增长。

2. 受到校园足球普及文化工作经费的影响

校园足球普及文化工作的开展需要一定经费的支持，在目前基层校园足球普及工作经费较为缺乏的情况下，经费优先投入保障竞赛、课程、课外活动等重点工作的开展，在此方面的投入很少。所以，首先要加强有助于提升这些重点工作质量的文化氛围开发，从而将普及文化工作融入至这些工作中来，分享一些经费。此外，通过校园足球普及文化工作体系的构建，争取更多的经费渠道。

二、校园足球提高系统内涨落及其关联扩大

校园足球提高系统演化、发展离不开其内部各元素及其相互间所形成的涨落的推动。与校园足球普及子系统相似，这些涨落分布于其人口、活动、管理、文化子系统中。在其人口系统中，学生运动员运动水平是该系统一个核心元素状态，其升量与降量体现出该状态的波动，推动着该系统状态的变化，进而影响着该子系统的演化。在其活动子系统中，学生足球运动员训练活动水平是其一个核心元素状态，可分解为训练量与强度两个状态，它们的“涨”与“落”对该子系统的演化有较大推动作用。在其管理子系统中，其核心元素状态体现为教练员管理绩效、训练活动管理绩效、学生足球运动

员管理绩效，这些管理绩效的增、减体现了该系统内部状态的主要涨落。在其文化子系统内，核心元素状态涨落体现在校园足球提高精神、制度以及物质文化感染力的增、降量中。

学生足球运动员群体整体运动水平是校园足球提高人口系统状态的重要表现，其“起”与“伏”体现了该子系统内的主要涨落。与校园足球普及人口系统内涨落相似，该子系统内主要涨落表现在高水平学生足球运动员水平的升量与降量，这两方面人口变化将影响到这些运动员整体运动水平。该涨落体现了校园足球系统内部不同运动水平学生足球运动员水平状态间势能差。所参加的校园足球竞技性比赛分化与互依对这两类群体运动水平状态的势能差有影响。所组织的校园足球竞技性比赛是区分学生足球运动员运动水平高低的场所，对此类竞赛进行不同层次的划分，将各种资源按层次高低权重后投入这些比赛中，并将各层次比赛串联在一起形成一个整体，这样能使高水平学生足球运动员处于“涨”态，具有较高的势能位，推动运动水平的整体提升。目前，这方面也有所体现，例如在高校足球比赛中，分成甲组与乙组两个层次，在乙组获得冠军就能参加甲组比赛，这样在乙组参赛球队间竞争晋升甲组资格过程中，能推动学生足球运动员运动水平的提升。然而，这方面也存在亟待发展的地方，例如随着校园足球参赛队伍的增多，比赛分层应更细化，向上将学生足球运动水平推向更高状态，向下带动更多的学生足球运动员参与竞争。此外，各层次比赛等级性需更加明显，强化不同层次比赛的连带性，激发下层比赛参赛队伍争取晋级的动力，而不是演化成各种类型的比赛，各自为战。

在校园足球提高活动系统内，学生足球运动员训练水平、竞赛水平是其核心元素状态，它们的增、减体现了该子系统涨落。前者可进一步分解为学生足球运动员训练量与强度水平的提升和下降，该涨落对校园足球训练活动有序性有极大影响，在这两种参量处于不同状态时，校园足球训练活动模式间有明显差异。该涨落受到以下因素影响：

1. 受到教练员水平影响

教练员是校园足球训练活动的主导人员，基本上训练内容安排、训练方法与手段选择、训练量与强度控制以及训练现场指导等均由教练员来完成，对学生足球运动员训练量与强度水平的演化影响密切。高水平教练员对训练负荷的作用规律较为了解，对其增、减的调控把握较为到位，对刺激训练负荷增长的训练方法与手段较为精通，能有力推进学生足球运动员训练负荷周期性螺旋式上升。经了解，有些学校聘用了高水平足球教练员来替代传统的兼任足球教练的体育教师，来担任校园足球训练工作，使训练活动模式有显著变化，学生足球运动员的运动水平提升明显。

2. 受学生运动员运动水平的影响

学生足球运动员是校园足球提高活动的主体，其运动水平是制定训练量与强度的一个前提条件，只有针对其现有运动水平控制好训练负荷的提高阈值，才能在学生足球运动员可承受范围内不断推动其训练强度的提升。同理，要想将校园足球训练负荷推向更高水平，须以更高层次运动水平的学生足球运动员数量为基础。据了解，在高年龄段中，校园足球提高方面表现出色的学校，其学生足球运动员基本采用特招途径引入，运动水平较高。在这样一个起点上，校园足球训练活动中训练量与强度才能发展至较高水平，这一点若与教练员水平提升所引起的正向涨落关联在一起，对此推动作用更大。此外，校园足球提高系统内比赛水平的涨落还受到参赛学生运动员水平以及比赛影响力影响。

在校园足球提高管理子系统内，足球教练员管理、训练与竞赛活动管理以及学生足球运动员的管理绩效体现了该系统内核心元素状态，其变化也展现了该系统内部主要的涨落。足球教练员的管理绩效主要受到聘用数量、工资奖金投入、专业成就感等影响。聘用足球教练员是该群体队伍壮大、发展的一个主要途径，能够使得更多优秀足球教练员涌入校园足球提高系统内。目前，专门聘用足球教练员的学校数量较少，一般都是在学校内聘用足球教师来担任这项工作，然而前者给校园足球带来了较高水平的训练活动，使竞赛水平也明显提升。所以，校园足球工作领导小组可通过专款补助、政策支持(纳入人才引进政策)、优秀足球教练员推荐等途径，进一步增加校园足球提高系统内优秀足球教练员的聘用量。

此外，对校园足球教练员工资奖金投入是激发其从事校园足球训练工作热情的一个重要推动力，须完善校内足球教练员等级评定制度以及岗位聘任制度来保障此类人员的薪金，努力消除体育系统向教育系统内人员流动时在这方面的障碍，构筑起校园足球竞赛的奖金体系，使其成为校园足球教练员收入的重要组成部分，以此来消减体育系统与教育系统间的奖金差距。

还有，校园足球训练工作的成就感也是激发该类群体工作热情的一个精神层面的推动力。在此方面须构建完善的"体教"同场竞技平台，完善"体教"一体化的体育后备人才输送途径，使校园足球提高系统内所培养的足球运动员也具有一定高度，使该项工作也具有一定分量感。同样，校园足球提高管理系统内训练与竞赛活动管理以及学生足球运动员的管理绩效的涨落也受到多种因素影响，这些在后面章节内再分析。

在校园足球提高文化子系统中主要涨落体现于其提高精神、制度以及物质文化感染力的变化。与校园足球普及文化系统内涨落相似，这些涨落具体表现在其提高系统内各项制度更替，以及其文化活动、物品、传播量的变化。同样，该子系统内这些涨落受到校园足球提高文化工作人员或任务数量、经费投入、技术输入与政策扶持等影响。此类工作人员或任务数量的增长，以及对应经费投入的加大，能够极大程度地推动校园足球提高文化活动的开展、其产品的增长、其氛围的活跃等，使该子系统能够迅速扩张、升级。由于校园足球提高活动专门性更强，该系统内工作人员精力与时间会投入更多，如教练员与学生足球运动员基本上将精力与时间都用在训练与比赛中，导致他们无法抽空兼任这方面的工作，而且很多基层学校也没条件配备专门的工作人员，所以这是一个亟待解决的问题。据前所述，在高年龄段中，以学校足球社团为中心，从校园足球普及系统内招募有才干的学生足球参与者来兼任这方面的工作，组建校足球队啦啦队、征集队徽与队歌、组织撰写各队员与各赛事报道以及球队年鉴等。在确定工作人员之后，拟订年度工作安排，再配套相应的经费，使这方面工作可以较好地开展起来。此外，在较大程度上，还受到校园足球提高文化工作的技术输入与政策扶持的影响。我国校园足球提高文化氛围不浓，一定程度上是因为对此文化创作的技术掌握不深，对如何组织该文化活动，如何制作有感染力的该文化产品，如何撰写、发布足球运动队的各种表现等方面不甚了解，这需要多借鉴国外经验，引入与传播更多、更好的这方面的技术。

三、校园足球普及系统与提高系统间涨落及其关联扩大

校园足球普及系统与提高系统间涨落是指这两个系统内人员、物质、能量、信息等流动量的变化，这与这两系统间关系紧密度有关，随着两者间各方面流动量减弱，这两系统趋向于分离，反之，这两系统趋向于融合；此外，还较大程度上影响这两系统间协同合作模式的演化。在两者人口子系统间，主要的涨落体现在学生足球运动员与足球参与者之间的人口流动量变化。在两者活动子系统间，主要的涨落体现在校园足球普及与提高活动从事人员间、活动形式与内容间、活动评价间交流或交叉程度变化。在两者管理子系统间，主要涨落体现在校园足球普及与提高工作人力资源开发、活动质量开发、财物资源开发等方面的匹配程度。在两者文化子系统间，主要涨落体现在校园足球普及与提高各类型文化工作所需资源的差异上。

校园足球普及与提高人口子系统间有相互间人口流动，前者中表现出色的、有发展潜能的学生足球参与者会被选入至校园足球提高系统内作为学生足球训练者；同样，后者中表现落后的、主动退出的、受学训矛盾影响的学生足球运动员也会退出校园足球提高系统，流入至其普及系统内作为一名足球爱好者。两者间人口流动的变化是影响这两系统间关系紧密性的一个重要因素，其受到多方面因素的影响。

1. 受到学生足球运动员特招数量的影响

在校园足球系统内，其提高系统中的学生足球运动员一方面来自自身体系内输送，另一方面源自其普及系统内选拔。中、高考等考试制度中所规

定体育特长生招生是校园足球提高系统内学生足球运动员“自我造血”的主要途径，这样学生足球运动员便从小学、初中、高中以及大学以此向上输送。如果对这种学生足球运动员的纵向来源渠道形成依赖，将会严重侵占来自校园足球普及系统内的输送空间。由于经常性训练，各层次学生足球运动员的运动水平明显高于相对应校园足球普及系统内的学生足球参与者，这使得对纵向输送这条途径较为倚重，也使得具有广泛青少年人口基础的校园足球普及系统内选拔受限。

2. 受到学生足球参与者运动水平的影响

足球运动水平高低是校园足球提高系统内学生足球运动员选拔的主要标准，如果其普及系统内学生足球参与者达不到一定水平，与相应层次提高系统内学生足球运动员运动水平相距甚远，就会大大降低其被选入的机会。只有这两者运动水平在一定差距范围内，再考虑到前者的可训练程度，才能具有一定入选的竞争力。所以，这就需要极大程度地提升校园足球普及系统内学生足球参与者锻炼的数量与水平。此外，还需要建立一套“不遗漏一个足球后备人才苗子”的，大范围、高频次、多方位的学生足球运动员选拔制度。

3. 受到应试教育、全面发展的影响

在当前应试教育背景下，在中、高考中取得好成绩，获得优质教育资源，今后会获得更好发展机会，这是硬道理。受到这方面影响，校长与家长们不愿让学生或孩子花大量的精力与时间在足球锻炼或娱乐上，在当下考分竞争越来越激烈的情况下，在这方面的投入会更加受限。所以，硬逼校长、家长转变思想，支持校园足球发展，只是一个暂时的推动力。更重要的是，要加快中、高考制度改革，突出素质综合评价，制约教育资源过度集中，改革学校工作业绩评价体系，形成一个有利于校园足球普及系统发展的体制环境。

校园足球普及与提高活动系统间涨落体现在活动从事人员、活动内容与形式以及活动评价等方面融合度的变化中。在两个活动子系统内，存在一定程度的从事人员间流动，在多数学校里足球教师身兼多项工作任务，既要从事普及系统内足球课程教学、课外足球活动组织工作，又要担负起学生足球选拔、训练与参赛任务。此外，在高年级段中，学生足球运动员凭借较好足球运动基础，在各种校园足球普及活动开展过程中，担负了一些组织、指导、协助等任务，例如组织与指导班级足球队的训练与参赛，协助足球教师办好校园足球竞赛，从事校园足球团协会工作等。随着校园足球系统的进一步分化，这两系统间独立越来越明显，例如在一些学校里，随着专职足球教练员的引进，提高活动开展任务就从足球教师中分离出来，学生足球运动员在训练与比赛的投入时间与精力越来越多，难以顾及校园足球普及活动。

这种系统分化是其非平衡性增强的表现，代表着系统的升级，需要加以推进，但是，与此同时，又需建立起新的两系统间融合机制，增强系统的非线性。例如，要求专职教练员须给普及系统内精英学生足球参与者不定期的授课，组织学生足球参与者不定期观摩校足球队的训练与比赛，招收学生足球参与者作为校足球队训练、比赛的辅助人员，等等。

此外，在活动内容与形式上，两子系统间需要紧密地对接以及相互渗透。校园足球提高活动更突出训练量与强度，形式比较单调，校园足球普及活动则更突出参与次数与持续时间，形式上更为多样。如果两者不能在此方面有很好的衔接，两者相互间需求将会减少，导致它们间联系有所松懈。因此，在校园足球普及活动中，针对达到一定运动水平的学生足球参与者，应适当提高各种活动中训练量与强度，使学生足球运动员训练与参赛水平有一定的接近度。在校园足球提高活动中，在条件允许情况下，可分梯队进行训练，在底层梯队中可适当降低训练量与强度要求。这些在学校层面的操作须通过校园足球顶层管理体系中予以引导，例如完善校园足球赛事的分类、分级体系，或在一些赛事中限制足球特长生的参赛数量，还须推动这两子系统在活动评价体系上的融合。

校园足球普及与提高管理系统间涨落体现在校园足球普及与提高工作中人力资源开发、活动质量开发、财物资源开发间匹配度的变化。这两子系统，均涉及人力资源、活动质量以及财物资源开发等方面内容。由于供这两子系统运行的资源是较为有限的，它们在这些方面上开展必然会相互制约，一方开展较多，另一方就会受到影响，所以它们间这些方面投入在数量与质量上的匹配性，对推动两者间协调发展有重要作用。这受到多个方面因素影响，最主要的是受到校园足球普及与提高工作绩效的影响力差异的影响。当前，校园足球提高管理系统势能较大，其各项工作开展占据了大多数资源，这与提高工作绩效影响力较大有密切关系。在校园足球提高系统中，各学校或各省市组队参加的足球比赛，竞技水平高，受关注程度高，获得名次后所带来的荣誉感强。此外，该系统内具有向外输送足球运动员的渠道，输送量与升学率这一重要学校评价指标有关。为此，校园足球普及管理系统要想获得更多的资源投入，须从两个方面着手：一方面增强自身的独立性，形成一股与提高管理系统竞争资源的力量；另一方面，探寻、发挥、扩大自身系统的价值，不仅要构筑起学生足球运动员选拔的宽广基础，形成一个坚实的青少年足球后备人才培养“金字塔”底座，还要使校园足球普及活动成为满足广大学生群体课后愉悦身心需求的一个重要途径，成为校园环境建设的一个重要举措和家长认可的儿童青少年培养手段。

校园足球普及与提高文化系统间涨落体现在普及与提高精神、制度以及物质文化工作间所需资源的差异，主要体现在工作人员、经费以及工作任务等数量上的区别。当校园足球普及文化系统占优势时，这些资源将会流向该系统，使其校园足球普及文化系统处于沉寂状态，反之亦然。这两子系统间涨落受到多个方面因素影响，最主要的是受到举办足球竞技理念的影响。作为一项体育项目，竞技性是其一个重要属性，在一定阶段中，过重展现其竞技性会使其他方面属性功能的开发受到影响。在校园足球普及系统内竞技氛围相对弱时，注重学生足球参与者参与兴趣、热情的培养，相对来说足球文化活动会多些，例如足球文化节、足球健身操、足球历史的宣讲、足球交流与欣赏活动等。然而，在校园足球提高系统内竞技氛围较浓时，其资源均投入至训练与参赛中去了，很少能投入至文化建设中。造成此影响的原因在于对举办竞技体育的理念认识不深刻。举办体育竞技有满足一些政治需要，但是当下更应该满足人民大众精神文化需要。这在校园足球提高系统中也一样，学生足球运动员竞赛不仅是一个培养青少年足球后备人才的手段，更是一个满足广大学生群体、家长群体等精神文化需求的途径。目前，在很多赛场上，几乎只有参与比赛的运动员、指导比赛的教练员、服务比赛的工作人员，这种封闭式纯竞技氛围抑制了其文化活动的运行与开发。所以，这需要校园足球系统内赛事组织工作更为细化的分工，不仅仅倚重赛事技术部门的工作，也需要建立起赛事文化推广部门来精心策划，将其推向广大学生、家长等群体的精神世界中。

第四节　序参数的发展动力

外部系统的输入与系统内部元素发展需求相契合时，使该系统发展获得了内在动力，在该动力作用下部分元素产生了新变化。在该系统内部各元素间竞争与协同的作用下，这些新变化演变成系统发展的多元态势，再受到系统关联涨落共同作用的推动，使影响系统暂时变化的快变量逐步消失，决定系统未来发展新秩序的慢变量逐步变强，在其作用下使该系统得以升级成新形态。其中，最终决定系统演化方向的慢变量即为序参数，通过各种途径支配着系统各个元素按新秩序发展。在校园足球系统中，同样需要培育出相应的序参数，并且为其作用发挥提供条件，以此来推动其“普及”与“提高”协调发展，逐渐形成两者间的协调结构。

近年来，由于国家足球振兴上升至国家战略高度，对校园足球系统的投入力度挺大，对其改革的措施挺多，参与其改革的主体挺广泛，这些形成了推动校园足球系统演化的因素体系，例如全国足球特色学校评选制度、各层校园足球领导小组制度、四级联赛体系等等。归根结底，能够决定校园足球系统最终演化方向的，促进其蜕变的序参数有两大方面：一方面是规章制度的变革，这是一种自上而下决定校园足球系统发展方向的因素，制度所具有的约束力以及所给予的各方面保障支配着该系统内各元素的演化，使其新质结构迅速形成、发展起来；另一方面是该系统内各种主体需求的变化，这是一种自下而上决定校园足球发展方向的因素，这些主体所具备的主观能动性能够为校园足球系统活动提供其自身发展所需的各种资源，使该系统主动地适应制度变化所带来的影响，从而推动该系统的演化、发展。

一、校园足球普及系统内序参数及其支配过程

据上所述，校园足球普及系统内序参数主要体现在该系统内相应规章制度与主体需求的变化，这些变化将会长期左右该系统的演化。在校园足球普及人口系统中，影响该子系统发展最主要的制度是校园足球人口普查制度，该制度的形成与演化将会长时间影响该系统内校园足球人口的流入、流动以及退出的内在机理；该子系统内主体主要是学生及其监护人（家长），他（她）们对参与足球运动需求的变化将影响到该子系统的演化。在校园足球普及活动系统中，足球课程与课外活动实施制度以及足球教师、普及活动工作人员、学生足球参与者这些主体对普及活动开展的需求是推动该子系统演化的慢变量。在校园足球管理与文化子系统中也一样存在着决定这两系统演化的相关制度与主体需求因素。

校园足球普查制度会对校园足球人口系统内校园足球人口数量的变化有很大影响，该制度的形成与完善对该系统所带来的影响主要体现在对校园足球人口总量提升的影响。对校园足球人口状况的精准把握是提升该群体人口的一个基础条件。在推动校园足球人口总量提升过程中，需要准确了解当前的总量以及从历年来其定基比、环比、增长值中反映出来的动态发展特点，才能合理地控制今后该群体数量的增长。其中，对校园足球人口的操作性定义演进较为关键，目前对此还没有非常明确的说法，一般按每周参与足球活动2次以上、每次半小时以上来统计。这种做法只强调了参与足球活动的量，对足球活动的内容、形式、强度、水平等观察点未能充分体现，在较强发展需求的作用下，对该群体的统计数据很有可能呈现出"虚胖"现象，当外部发展压力减小时，该数据也将恢复至常态。

此外，校园足球人口估算方法的演进也较为重要。在较全面获取校园

足球人口各观测点数据以及学生群体数量庞大的条件下，必须采用科学的校园足球人口估算方法来统计，例如基于足球课程开课量、足球比赛举办量、足球培训班的数量等参数来估算。此外，随着校园足球人口普查制度的发展，能在潜在校园足球人口的估测、该人口群体退出因素的分析等功能上有所拓展，这对校园足球普及人口系统演化有较大的推进力。还有，校园足球普及人口系统内，学生及家长对自身或子女参与校园足球普及活动的需求变化长期左右着该子系统内校园足球人口的发展。对此需求有因对参与足球运动本身所能获得的乐趣、成就感、满足感、存在感、自信心等引起的，也有源自受足球运动参与外在诱因的影响，例如为了完成足球课程学习的要求，为了完成学校布置的参与足球课外活动的任务，为了在体育中考的足球项目测试中取得好成绩等等。受内在动因激发的校园足球普及活动参与需求，比受外在诱因所激发的，更为持久，更追求参与品质。当然，在发展的初期，设置外在诱因来激发校园足球人口的提升也是需要的，但是在发展过程中，需逐步培养起由足球运动本身魅力来激发参与行为的环境。

在校园足球普及活动系统内，一方面，各项校园足球普及活动规章制度的变化是支配该子系统演化的一个序参数。在足球课程方面，该课程制度对其演化有着决定性的影响，是班级制授课还是俱乐部制授课，是按年级分层授课还是按运动水平分层授课，这些都将对该课程产生根本性的影响。目前，班级制和按年级分层授课还是当前足球课程的主流，这主要是受传统课程制度同化的结果，易于集体性教学，以考虑群体发展需求为主，也易于统一教学管理，然而未能顾及学生个体发展需求，也未能顾及课外足球活动参与等。俱乐部制与按运动水平分层授课就能够展现出这方面的优势，更具有先进性，然而还需不断改进，克服实施过程中产生的问题。此外，在足球课程标准中课程性质、课时数、教学内容、教学评价等设置等都是支配足球课程开展的重要因素。当课程性质为必选课时，所安排的课时数较多时，教学内容系统性强、梯度合理时，教学评价能够切实激励授课对象的学习时，该课程授课对象数量就会提升，其学习质量也会提升。当然，在这方面，当下的一个问题是，很多学校不具备条件或无意愿将其设置为必选课，这需加速扩大全国校园足球特色学校数量以及加大其培育力度。同样，还需建立起完善的、先进的足球课外活动制度，来推动此类校园足球普及活动的演化。

另一方面，教师、教辅人员以及学生对校园足球普及活动开展的需求是支配该子系统演化的又一个序参数。足球教师从事足球课程教学需要得到一定的精神与物质层面价值体现，才能调动其承担这项任务的积极性、主动性以及创造力，推动教学质量的提升。足球课程的地位与对其精神层面价值体现有密切联系，这地位一方面源自学校各方面的认可以及给予一定的资源分配优先权，例如列入重点课程，从规章制度上激励，从人、财、物上保障，全国校园足球特色学校的布局为此建立了一个大前提。另一方面，这地位源自校园足球系统各方面的认可以及给予一定的资源分配保障，历来该系统内“重提高、轻普及”的状况严重影响着校园足球课程的地位。

在校园足球普及管理系统内，校园足球普及工作人事制度、普及活动质量监控制度，以及从事校园足球普及管理工作人员的需求等，这些制度与主体需求的变化将深刻影响其管理系统的演化。该子系统内人事制度涉及范围较广，有聘用、培训、职称、人才计划等制度。在校园足球普及工作人员聘用中，形成灵活多样的聘用制度是其改革中需要推进的一个重要举措。当前，校园足球课程专任教师聘用是其扩大该群体的一个主要途径，所招聘到的足球专任教师具有事业编制，享有与此配套的待遇与保障。然而，由于学校事业编制数有限，1 所学校分配到的足球教师的名额几乎只有 1～2 名，当招满后几乎就很难再招这方面教师了，该学校内足球课程教学、课外活动开展等普及任务基本上由他们来承担。面对广大的学生群体，这样的足球教师配置是远远不能满足较好开展普及活动的需求的。因此，需要建立起灵活多样的该类群体聘用制度，例如采用合同制聘用代课教师，采用共建基地形式让源自高校、体育运动学校、相关社会企业等的专业力量介入，采用规章制度激励吸纳校园足球提高系统内学生运动员（在高年龄段时）。同样，培训、职称、人才计划等制度上的变动对该子系统也具有同样深刻的影响。另外，校园足球普及活动质量监控可涉及这类活动开展有效性、执行度、创新性的监控，有学生活动效果评定与反馈制度、校园足球普及活动过程评定与反馈制度、该活动改革项目管理办法等。如何形成学生活动效果细化评定标准，如何建立起合理的校园足球活动过程观察点，如何形成校园足球普及活动改革创新的驱动力，是这些制度形成并发挥重要作用的关键问题。

另一方面，在该子系统内主体需求变化对其发展的影响中，校长等领导层人员需求变化是一个极为重要的因素，就如上面所提到的这些规章制度是否需要建立或变革，取决于这类人群对校园足球普及活动发展效益评估后所做出的决定。这类人群对发展校园足球普及活动的需求源自本单位的发展定位，国家政策激励，该活动社会效益，该活动资源投入量、经费等基础条件，学生对该活动的需求等。根据该类活动的性质，其发展所能带来的社会影响力较为有限，所以开发其育人功能，分担其资源投入量，与其他育人活动相融合，是影响这类群体对此内在需求的重要方面。

在校园足球普及文化系统内，该文化活动运行与开发有关规章制度，以及该文化工作者对从事该工作的需求，是推动该子系统演化的慢变量。由于校园足球普及文化活动是其普及活动的一个“附属品”或“调味剂”，在整体资源不充足情况下，其易于被忽视。要想校园足球文化活动蓬勃开展起来，并助力于校园足球普及活动品质的提升，需要形成或发展该文化活动运行与开发的规章制度，对该类活动开展时间、次数、形式、组织方式、激励方式、保障方式、改革创新等方面予以全方位的规定。一般来说，该类活动形式是比较丰富的，可以涉及与班级球队标志物设计评比活动、足球竞赛欣赏评说活动、足球文化宣讲活动、足球明星进校园活动等。这些活动如何更好地开展，还需要自身不断地改革创新，需要从制度上支持其改革项目设立、开展、推广。在设置该活动量时，需要考虑人力、物力、财力等基础条件，以及其开展对校园其他活动的影响，还需要考虑其对校园足球普及活动品质提升的作用。

另一个方面，该子系统的发展受到校园足球普及文化工作人员需求的影响。由于校园足球普及系统总体资源受限，聘用此项工作专门人员并非常态，一般来说，会将其任务进行分解，由其他工作人员来兼任，所以从制度上组织起能胜任该项工作任务的工作人员群体是对该项工作开展的重要保障。可将从事艺术教育的教师动员起来，承担班级队名、队徽等标志物设计评级活动任务；可将从事语文、历史教学的教师动员起来，承担校园足球普及活动事迹、年鉴等撰写工作。动用起这些群体来扩充校园足球普及文化工作队伍，需要考虑到应在最低程度增添工作负担的条件下来安排此项工作，并尽可能让他（她）们感受到参与这类活动的乐趣，还需考虑到对他（她）们承担此类工作任务的激励措施。

二、校园足球提高系统内序参数及其支配过程

校园足球提高系统的演化离不开相关序参数的支配作用。同样，这体现在该系统内相关规章制度以及各主体需求等慢变量的变化上。在校园足球提高人口系统中，学生足球运动员选拔、激励、约束等制度以及这类群体与其家长对参与校园足球提高活动的需求变化是该子系统内的一些慢变量，决定着该群体人口数量的演化。在校园足球提高活动系统中，校园足球训练制度、竞赛章程以及教练员、裁判员、学生足球运动员对这类活动开展的需求是支配该子系统演变的序参数，决定着这些活动的品质与氛围。在其管理的子系统内，校园足球提高系统的工作人员聘用、培训、激励等制度，训练与竞赛活动质量监控制度，学生足球运动员管理制度等，以及从事其管理工作人员对这项工作开展的需求，是推动该子系统演化的慢变量。同样，其文化子系统演化也需要这两个方面的慢变量变化来推动。

在校园足球提高人口系统内，支配该系统演化的序参数体现在与学生足球运动员人口扩大的相关制度以及该类群体及其家长们对参与校园足球提高活动的需求变化中。这类制度可涉及学生足球运动员选拔、流动、激励等制度。学生足球运动员选拔是该人群数量增长的一个最主要途径，其制度的先进性直接关系到校园足球提高系统内学生足球运动员数量。学生足球运动员选拔，一方面是从下层校园足球系统内纵向选拔，另一方面是从同层校园足球普及系统内横向选拔。一般来说，纵向选拔标准是达到教育管

理部门或学校所规定的基本要求（例如对运动员等级、智育水平、参赛成绩等规定），再通过足球教练员所做出的各方面评估。由于在横向选拔时不存在升学因素的限制，其标准主要是基于足球教练员的评估。以足球教练员评估为主的学生足球运动员选拔方式还是比较粗略的，在足球教练员时间、精力有限的情况下，只能锁定少数对象以及他们几次专业水平表现做出评估，会遗漏掉很多对象与信息。如果将来能够建立起大范围的、系统性的学生足球运动员专业水平表现信息采集、评估、挑选制度，将会使该类人群的选拔更为精细，为各学校每批选拔都能够挑到合适运动员提供保障，从而推动该群体量的增长。例如，首先扩大比赛规模，建立起更多的各类各级比赛，让更多的学生运动员具有不断自我展现的机会，再采用“互联网＋”技术将各队及其队员的基本信息和每次比赛中的表现汇集至网络云平台，然后采用数据挖掘技术构建学生运动员的评估模式，最后基于制衡原则建立学生足球运动员的挑选制度。同样，学生足球运动员激励与约束制度及其对参与校园足球提高活动需求的变化，对校园足球人口系统的演化起到了决定性的作用。

在校园足球提高活动子系统内，学生足球运动员训练、竞赛等制度的变化，教练员、裁判员等工作人员与学生足球运动员自身对校园足球提高活动开展需求的变化，是推动该系统演化的决定性变量。学生足球运动员训练主要由教练员负责，由其来确定训练时间，制订训练内容，选择训练方法与手段，设置训练强度与量，并且组织实施。由于学生足球运动员需要兼顾训练与学习，学习又占据了绝大部分时间，训练时间较为有限，因此，训练效率较为重要。此外，一般来说，在训练过程中以训练技战术为主，实战对抗和体能训练相对缺乏，在训练强度上还有较大的可拓展空间。训练制度革新，使学生足球运动员训练过程变得极为紧凑，以实战对抗、体能训练等较高强度的训练内容为中心，来推动校园足球训练效果的提升。学生足球运动员所参加的竞赛一般由教育或体育管理部门中有关竞赛的处、室来组织，在这些部门授权、协助下，赛事承办单位展开具体的组织活动，一般由本系统内单位来承担。当前的足球竞赛中管办分离还不够透彻，公平性、制衡性、培育性、开放性控制不够，以集中时间、统一地点竞赛为主，对参赛队伍的激励程度不够，等等，这些使各学校足球队参赛较为被动、积极性不高、其社会效应不强。这需要通过革新竞赛制度来推动这些方面的改进。例如，引入专业的社会力量，注入赛事改革的新动力，加强赛事的策划与管理；建立比赛执法监控制度，严格控制比赛中裁判员执法的公正性；构建增强比赛激烈程度的制衡制度，尽量避免水平差异悬殊的足球队间同场竞技；建立起校园足球联赛制度，大幅度增加比赛场次，拉长赛事持续时间，拓宽赛事开展区域（主客场制等）；等等。

另一方面，校园足球提高活动系统的演化取决于教练员、裁判员、学生足球运动员需求的变化。对足球教练员来说，从事校园足球训练工作的需求有多方面，例如在足球比赛中获取好成绩，发展学生足球运动员的运动水平（输送），获得各种物质奖励，等等。如果教练员更注重比赛成绩，那么他（她）就会更加关注这些比赛影响因素，围绕比赛展开队员选拔、训练，这会导致过多地依赖特招学生运动员、局限于比赛安排训练等问题，在学生足球运动员选拔、培养、输送的系统性上有所缺陷。如何激发足球教练员对系统化发展学生足球运动员专业水平的需求，需要进一步在制度上有所创新。同样，裁判员、学生足球运动员相应需求的变化，在一定程度上也决定着该系统的演变。

在校园足球普及管理子系统内，该系统的演化取决于有关人员人事制度，有关活动质量监控制度，学生足球运动员管理制度以及相关人员对管理活动开展的需求。在校园足球提高活动从事人员人事制度变化中，教练员聘用制度的变化将会对该系统演化产生深刻影响。足球教练员的专业水准影响着校园足球训练活动的方方面面，通过其聘用制度的改革使更多优秀足球教练员能够进入校园足球提高系统，推动该系统发展。当前，该系统内足球教练员专业水准差异较大，多数学校里该任务由足球教师来兼任，然而，个别学校内聘用了专职足球教练员，这是各学校学生足球运动员整体水平存在差异的一个重要因素。在引入专职足球教练员时，首先需要符合学校招聘制度，然后需要在薪金额度、工作规定、任务约定、业绩考核等等方面有针对性地进行设置。同样，足球裁判员是校园足球竞赛数量扩大的一个必备条件，也是其一个重要影响因素，如果能形成一个中长期的聘用制度，那么对该群体的管理与发展是极为有利的。此外，对校园足球训练与竞赛活动的监控是保证这些活动顺利进行、提升其质量的一个重要手段，有利于避免组织涣散、计划性弱、执行度低、不公平与公正等现象。在校园足球竞赛中，裁判执法的公正性是影响该活动有序进行的重要因素，往往由于执裁过程中监控力度不够，裁判成为决定比赛胜负的关键。裁判执法有时会引起竞赛活动中的冲突，导致参赛队伍的积极性降低，甚至退出比赛。这就需要加强校园足球竞赛监控制度建设，允许使用现代化信息技术来监控比赛，建立赛后评估与公示制度（例如最后时刻决胜负比赛的执法报告制度），建立相应的奖惩制度。

另一方面，校园足球提高管理系统的演化取决于领导层、组织层、执行层有关主体需求的变化。校园足球提高活动运行与发展历来受到重视，受到校长等领导层人员的大力支持。受到政策激励，近年来不少学校加大了投入力度，引进了专职高水平教练员，增加了学生足球运动员特招指标，修建了足球训练场地。然而，当前领导层人员对此的需求主要是在重要比赛中获取好成绩，在学生足球运动员培养规模、系统性、可持续性等方面仍存在一定问题，这须将其需求引导为选拔、培养优秀学生足球运动员。

与校园足球普及文化系统相似，其提高文化系统的演化也取决于该类文化工作规章制度以及相应工作人员需求的变化。校园足球提高文化工作可以从多方面来开展，例如校足球队标志物开发、明星学生足球运动员宣传、校足球队年鉴编撰等等，可以从这些方面形成其提高文化工作的系列规章制度。这些规章制度的形成与发展较大程度上受到校园足球竞赛制度的影响。在集中竞赛制度中，校园足球提高文化对竞赛氛围的影响是个别的、暂时的、不充分的，只能靠承办单位临时组织的此类文化活动来提升竞赛氛围，这样的文化活动根植性不足，当竞赛结束后得不到有效积累，难以融入至校园文化中。此外，这种竞赛制度使非比赛承办单位开展此类文化活动的动力不足。如果广泛地实行联赛制度，将竞赛周期拉长至一个季度或更长，实行主客场制度，这有利于培育各学校的校园足球提高文化，以每次主场比赛为推动力，使此类文化在各学校内不断得到积累，逐渐根植于各学校自身环境中，对学校每个学生产生影响。另一方面，校园足球提高文化工作者的需求变化在一定程度上也决定了该系统的演化。这些需求涉及对校园足球文化工作的政策制度需求，对校园足球文化设计、制作、传播要素的需求等等。这些需求的增长，体现了校园足球文化工作者组织校园足球活动、制作或传播校园足球文化信息等内在动力的增强。如果实时地予以满足这些需求，将会推动校园足球文化系统状态不断提升。

三、支配校园足球普及与提高协调发展的序参数

校园足球系统内，其普及与提高协调发展同样取决于有关序参数的作用，该作用主要体现在有关制度上两者的兼顾性以及有关主体对两者需求变化的影响。在两者人口子系统中，体现在学生足球运动员选拔制度内两者的兼顾性以及家长们对两者需求变化的影响；在两者活动子系统中，体现在学生足球运动员训练与竞赛制度内两者的兼顾性和教练员对两者需求变化的影响；在两者管理子系统中，体现在聘用制度上两者的兼顾性以及校长等领导层群体对两者需求变化的影响；在两者文化子系统中，体现在文化工作制度内两者的兼顾性变化的影响。

在两者人口子系统内存在人口的流动，优秀的学生足球参与者被选拔至校园足球提高系统内参与专门性的训练并代表学校参赛，只要将此人口流动渠道拓展开来，校园足球普及系统就能充分展现“基座”功能，使提高系统内优质学生足球运动员不断涌现。这一方面取决于学生足球运动员选拔制度对两者的兼顾性变化。这在前面已有阐述，校园足球提高系统内学生足球运动员主要源自其下层提高系统内学生足球运动员，以及其同层普及系统内学生足球参与者。在当前学生足球运动员选拔制度下，从下层提高系统内选拔是首选，其次从同层普及系统内选拔，前者制度相对细致，已形成明确的选拔标准、方法、政策，后者则较为粗略，主要依靠教练员偶遇式选拔。这就需要组织起校园足球普及系统内较为广泛的竞赛活动，在足球课程中设置学生足球运动等级评定制度，为该系统内学生足球运动员的选拔奠定基础，然后，

再制定较为细致的相应选拔标准、方法与政策。另一方面，这取决于学生足球参与者及其家长的需求。对于这些群体来说，有些只想通过参与校园足球普及活动来锻炼身体、娱乐交友等，对于一些条件好的学生足球参与者来说，有的也想晋升至校园足球提高系统内进一步提升运动水平、获得更高荣誉、谋求升学之路等，这就需要有专门性的引导，让学生足球参与者感受到参与足球比赛的乐趣，感知到自身在足球运动上的才能，了解到将来成为具有足球运动特长人才的前景，从而加强这类群体对参与校园足球提高活动的需求。

在两者活动子系统中，校园足球普及与提高活动间交融程度是影响这两系统协调发展的一个重要因素。这一方面取决于校园足球提高活动运行制度的变化，特别是受其竞赛制度变化的影响。校园足球提高系统内竞赛活动是一个检验该系统中学生足球运动员整体水平的舞台，也是一个争取荣誉、扩大影响的舞台，是该系统内一个核心元素。如果该制度设置中纯粹崇尚锦标主义，而未能顾及其培育属性，就会使学生足球运动员的选拔越来越倚重下层校园足球提高系统，使青训体系内青少年足球运动员越来越多涌入，使校园足球提高与普及系统间渐行渐远。这需要在该竞赛制度中针对此设置一些约束条件，来体现其培育属性，例如限制多名有一定青训经历的学生足球运动员同时上场，设置每年比赛中各队参赛队员更新率等等。

另一方面，这两个子系统间的交融程度受到足球教练员、课程教师等人员需求的变化。足球教练员是校园足球提高活动的主要从事人员，负责学生运动员的选拔招收、日常训练、带队参赛等工作，他(她)对校园足球普及活动参与需求，将影响到校园足球提高活动系统对普及活动系统的带动性。该类群体对参与校园足球普及活动的需求主要源自该活动开展对提高系统内学生足球运动员增长的作用。如果通过校园足球普及活动的开展能够让更多优秀的学生足球参与者涌现出来，能够提升校园足球运动的影响力、营造其氛围，使更多学生足球参与者愿意参与到课余训练等活动中来，这些学生足球参与者进入提高系统后能够在参加重要赛事中发挥不可忽视的作用，这将会激起教练员们对参与此类活动的强烈需求。所以，需要对校园足球普及活动进行改革，使其成为选拔学生足球运动员的一个重要平台，例如设置学生足球运动员等级评定制度，开展大范围的班级联赛，教练员们可以参与至等级评定与赛事组织等工作中来。

两个校园足球管理子系统的互依程度取决于两者管理工作制度上的兼顾性，较为明显地体现在工作人员聘用制度上的兼顾性。由于学校足球普及系统内学生足球参与者数量众多、活动类型多样，具有从校园足球提高系统内临时聘用相应工作人员的需求。同样，校园足球提高系统内一些管理、辅助训练工作也有向其普及系统中临时聘用工作人员的需求，这就需要两者在聘用制度上体现出一定的灵活性，均要有所兼顾。在校园足球提高工作人员聘用制度上，尽可能充分挖掘校园足球普及系统内人力资源，通过实践活动、协会或俱乐部活动、足球课内布置的课后任务、临时聘用等形式，设置适合该系统内足球教师或学生足球运动员从事的岗位。同样，在校园足球普及系统内更要充分利用其提高系统内足球专业力量来带动其发展。通过上述这些聘用形式，充分发挥足球教练员、学生足球运动员在校园足球竞赛组织和课外足球活动辅导中的作用，使校园足球两大子系统间相互促进、相互依赖，提升它们间的融合度。

另一方面，两个校园足球管理子系统的互依程度也取决于校长等领导层人员需求的变化。由于校园足球提高活动层次高、社会效益较好，历来校长等领导层人员对该活动开展的需求较强，在资源投入有限的情况下，校园足球普及活动开展受到了较大程度的抑制。这需从内、外部环境改变来激发其对校园足球普及活动开展的需求。(1)从制度规定上诱导该类群体对该类活动开展的需求。就如全国校园足球特色学校基本标准规定，这样的单位需成立足球俱乐部或兴趣小组，小学三年级以上建有班级、年级代表队，每个班级参与比赛场次每年不少于 10 场等。这些制度规定将有力激发该类群体支持这类活动开展的外部动机，提升其对这方面的需求。此外，再配套对资源投入的规定，例如设置所下拨的校园足球活动开展经费中用于其普及活动开展及其环境建设所占比重。(2)从提升校园足球普及活动质量上激发该类群体支持这类活动的内在动机。

第六章　校园足球系统发展组织机制

导读

在社会系统中，反应循环指具有一定催化功能的最基本关系，基于这些基本社会关系，推动着特定的能量、物质、信息等交流，维持着该系统的“新陈代谢”。催化循环是自组织架构的一种高级形式，建立在反应循环基础之上，由多个相互联系的反应循环构成，形成一个较大范围循环网络。在催化循环中，一个反应循环的产物是另一个反应循环的底物，这样形成一个相互协作的组织网络，使最终产物具备较好的品质。催化超循环是建立在催化循环基础之上的，是由多个催化循环有序衔接而成的，是个大规模的、复杂的循环系统。本章探讨了校园足球各子系统内相互间反应循环、催化循环以及催化超循环的具体表现。

第一节　校园足球系统内反应循环

从化学反应视角看，反应循环是其中一个最基本的循环方式，反应物与中间物相结合，形成了化学产物，同时又释放了该中间产物，使其重新参与反应物的结合过程，形成一个周而往复的循环。在自然系统中，反应循环体现在，以生殖活动为“中间物”，生命体不断形成的过程等；在社会系统中，反应循环体现在具有一定催化功能的最基本关系中，例如以婚姻为“中间物”，家庭关系不断形成的过程等。基于这些基层社会关系，推动着特定的能量、物质、信息等交流，维持着该系统的“新陈代谢”。在校园足球系统中，同样具有反应循环，使其各子系统内要素具备了循环再生功能。

一、普及人口系统内反应循环

在校园足球普及人口系统内，主要反应循环表现为学生足球参与者群体吸引过程。学生足球参与者群体不断吸引着普通学生加入，使其自身逐渐扩大。该过程中，由于该群体吸引力的作用，新学生足球参与者不断地形成，其中吸引力即为“中间物”。由于普及人口系统约束相对少，人口聚集较为随意，其群体吸引力显得尤为重要。加强此反应循环能够促进普及人口系统自组织运行，推动其优化。扩大学生足球参与者群体与普通学生之间相互交流空间，增进其频次，加强这两类群体间物质、能量、信息的交流，为前者吸引力作用的发挥创造条件。

在校园足球普及活动系统内，反应循环表现为通过参与足球课程、足球课外活动等推动校园足球参与能力提升。足球课程与课外活动等是校园足球参与者足球参与能力提升的“孵化器”，通过这些活动使学生不断地获得新知识和新技能，使其校园足球参与能力不断提升，并循环往复地使各批次新生这方面能力得到发展。可见，这些活动的参与过程即为一个反应循环过程，其中这些活动本身就是“中间物”，能够不断地在培养学生校园足球参与能力上发挥作用。该“中间物”功能的强弱主要体现在内部要素的优化上，比如在足球课程中教学方法与手段的有效性。

在校园足球普及文化系统内，反应循环表现为足球参与者接触普及足球文化元素过程中激励其参与校园足球活动的过程。校园足球普及足球文化元素涉及以健身、休闲、娱乐等为主题的校园足球活动开展制度、文化物品等。校园足球参与者在接触这些制度与物品过程中，会无形地受到感染，从而激发其参与校园足球兴趣，形成参与动机和依恋等。在这个过程中，学生与普及文化元素间相互作用，对学生校园足球参与意识状态有所影响，其中文化元素的感染力起到了“中间物”的作用，这可视为普及文化系统内反应循环。

在校园足球普及管理系统内，反应循环表现为校园足球普及的决策、组织、协调、控制等活动对校园足球参与者参与程度影响的过程。这些反应循环中涉及对校园足球普及活动开展的政策、组织方式、协调机制、监控手段等重要元素，这些要素既是校园足球活动有效执行、规模扩大的有力保障，也是推动校园足球人口增长的重要条件。例如，每周 2 小时校园足球活动的政策、大课间足球活动的组织、校际足球联盟运行的协调、各种校园足球普及活动质量的反馈等。在该反应循环中，“中间物”即为这些管理元素的作用力，引导、疏通学生参与校园足球活动。

二、提高发展系统内反应循环

在校园足球提高人口系统内，主要反应循环表现为学生足球运动员群体吸引普通学生参与的过程。该反应循环中，学生足球参与者中运动水平突出的、具有培养潜力的学生，在提高系统相关元素作用下，加入学生足球运动员群体，使该群体数量保持在一定水平，并且保持新陈代谢的过程。即便有些学校对学生足球运动员给予了政策支持，或者是借此“升学”的可能，但是，该群体吸引力对学生足球参与者持续流入也具有重要影响，是该反应循环的“中间物”，其受到学生足球运动员校内、外影响力，群体内部亲和力，精英学生运动员的示范效应，教练员个人亲和力等等影响。

在校园足球提高活动系统内，反应循环表现为通过参与足球课余训练、高水平训练营、各级校际竞赛等，学生足球运动员竞技水平不断提升。在这些活动中，循环往复地培养着一批又一批的学生足球运动员的成长，具有典型的反应循环特征。其中，这些活动内各元素充当起了“中间物”角色，例如在足球课余训练中训练内容的系统性，训练方法手段的有效性，训练组织的缜密性等；在高水平训练营也存在同样要素的作用。此外，在此活动中还可涉及明星效应、精英训练等要素。在学生足球运动员参加的各级校际竞赛中，竞赛规程设置的合理性，需要体现公正、公平、可观赏性、可竞争性、可持续性等。

同样，在校园足球提高文化系统内，反应循环表现其提高文化元素对学生足球运动员或是参与者激励其参与校园足球训练或竞技的过程。在校园足球提高活动中，课余足球训练是非常艰苦的，校际足球竞赛竞争是非常激烈的，足球特长生升学名额也是少量的，所以学生足球运动员坚持参与提高活动，需要有较高的思想境界，这就需要来自校园足球提高文化的熏陶。这类文化元素涉及能展现精英荣耀、辛勤付出、勇于攀登等思想的提高文化物品、活动及相关制度，例如精英运动员精彩瞬间图片、成长史宣传窗、象征性物件等等。

在校园足球提高管理系统内，反应循环表现为校园足球提高的决策、组织、协调、控制等活动对学生足球运动员参与程度影响的过程。校园足球提高管理体系对该类活动品质以及学生足球运动员发展影响甚大，涉及学生足球运动员选拔机制、其受训与参赛的激励政策与保障机制，其足球运动水平等级评定，学生足球运动员注册制度，各级教练员与裁判员管理等。这里所涉及的相关制度、机制、方式方法等要素在该类反应循环过程中起到了中介作用，扮演了“中间物”的角色。例如，在较大规模校际竞赛的组织中，各层、各方间沟通协调是一个必要环节，其有效性将影响竞赛活动的有序开展。

第二节　校园足球系统内催化循环

催化循环是自组织架构的一种高级形式，建立在反应循环基础之上，由多个相互联系的反应循环构成，形成一个较大范围循环网络。在催化循环中，一个反应循环的产物是另一个反应循环的底物，这样形成一个相互协作的组织网络，使最终产物具备较好的品质。可见，催化循环的主要特征是在一个层面或范围内，以相互协同方式，将范围内或层面内的反应循环串联起来，形成一个具有一定规模的有机整体。所能联结的反应循环尽可能多，相互协同作用尽可能紧密，催化循环功能也就越强。在校园足球系统内，需要架构起更加完善的催化循环组织架构，从而加快校园足球人口的迅速发展。

一、普及系统内催化循环

在校园足球普及人口系统内，催化循环表现为不同年龄段、训练水平、性别学生足球参与者群体吸引力的相互催化。这些群体对普通学生校园足球参与的吸引具有各自的特殊性，而且相互影响。对不同年龄段学生校园足球参与吸引因素有所侧重：在小学时注重源自该群体外在表现的吸引，例如参与的数量、频次、花样等；在初中时不仅注重源自该群体外在表现影响，且注重其内在魅力吸引，例如该群体人员构成、是否能够获得交往的满足感等；在高中以上时更加注重其内在魅力的吸引，例如该群体中精英分子的魅力、该群体在学校或校外的影响力等。此外，这三个群体吸引力相互影响，在小学阶段是基础，在初中、高中阶段是提高。可见，针对不同年龄阶段群体吸引力建设，需要有不同的侧重点，小学阶段影响力的建设能为初、高中奠定良好基础。同样，不同训练水平、性别学生足球参与者群体吸引力相互催化也类似。

在校园足球普及活动系统内，催化循环表现为各层次足球课程开展间、各层次课外活动开展间、校园足球课程与课外活动开展间相互催化。校园足球普及活动主要涉及足球课程与课外活动，这些活动之间具有密切联系，这些联系的紧密程度关系到该系统催化循环的效果。在足球课程体系中，按照不同水平设置课程，每个水平课程具有各自的侧重点，又有着循序渐进的联系，推动着学生足球参与水平的逐渐提升，这就是足球课程体系催化反应的体现。在这个方面，各水平课程内容安排的差异性，不同学段、学校内课程内容的衔接度，影响着催化反应的效果，这方面的不足也是目前存在的问题。此外，校园足球课外活动体系也是一样的，其活动的形式尽可能丰富，尽可能形成互补，使整体效应最大化。做好课内与课外足球活动的协同，是发挥该系统催化反应功效的一个重要环节。

在校园足球普及文化系统内，催化循环表现为普及足球文化物品感染、活动感染、制度感染、人物感染等过程的相互催化。校园足球普及文化系统要发挥自身强有力的功能，需要形成多元化、层次性的反应循环集群，使它们之间相互依托，催化出更强的感染普通学生的功能。普及足球文化物品对普通学生校园足球参与感染中，侧重于历史经典、符号象征等感染力，例如一些经典照片，可涉及足球课程中专注的学习照、课余活动中愉悦的参与照；一些符号标志，例如有关足球符号的书签、橡皮、铅笔等学习用品，或是一些雕刻品。在普及足球文化活动形式多样，具有较大的创作空间，可包括足球知识竞猜、足球演讲、足球操、足球运动观赏等。其感染力发挥需侧重于亲身体验，让普通学生在这些活动中体验到普及层面的足球精神、魅力等。此外，对当前校园足球普及活动中表现突出的人或事进行宣传，是提升其文化感染力的重要组成部分，这方面主要侧重于典型示范效应的体现。

在校园足球普及管理系统内，催化循环表现为校园足球普及的决策、组织、协调、控制等过程相互催化。这些管理层面活动具有各自的针对性，同时，又相互依托。校园足球普及的决策是一根“指挥棒”，是其他管理活动开展的前提；其普及组织是一张“引导牌”，是其他管理活动开展的基础；其普及协调是一瓶“调节剂”，是其他管理活动开展的重要条件；其质量控制是一台“检验机”，是其他管理活动开展的关键。这些管理活动相互催化，展现在它们间的这些联系当中，这些联系的优化程度也决定了该体系催化循环的效果。当前，我国校园足球普及管理系统内，虽然已经建立起各层次有分量的校园足球工作领导小组，但是在组织、协调、质量监控等环节还有待完善，例如需建立校园足球人口的普查管理机制等，这样能够精准把控一些重要的发展变量，以便进一步有效决策，使有效的资源投入能高效转化为目标效益的产出，不至于当一批经费投入后，对其所发挥的效益缺乏了解。

二、提高系统内催化循环

在校园足球提高人口系统内，催化循环表现为不同年龄层、训练水平学生足球运动员群体吸引间的相互催化。学生足球运动员处于成长和发展过程中，在不同年龄、训练水平阶段会展现出不同的群体吸引力，他们所能形成的合力就是该系统催化循环的重要体现。学生足球运动员群体吸引力特色主要体现在，专属的竞技才能和突出表现。在该群体中，更是注重足球专项才能的训练与竞技，这使得该群体的相对专项才能突出，竞技表现优异，这对于有一定基础的学生足球参与者来说，往往是一种追求。然而，在不同年龄段中，还是存在一定差异性，在小学阶段因规模而形成的集体感，也是很重要的；在中学阶段，该群体的足球训练氛围和传统显得相对重要；在大学阶段，该群体在各类比赛中竞技表现具有一定的吸引力。每个阶段群体中吸引力相互融合，是优化该系统内催化循环功能的关键，使其能够快速吸纳该年龄段新增长的学生足球参与者。

在校园足球提高活动系统内，催化循环表现为各层次课余足球训练开展间、各层次足球竞赛开展间、课余足球训练与足球竞赛开展间对学生足球运动员培养的相互催化。各层次课余足球训练体现在不同水平、年龄、性别运动队训练，从学理上看，这些训练之间存在明显的互补关系。在不同水平训练活动中，存在明显的训练量和强度的区分；在不同年龄段训练活动中，存在训练内容的偏重。然而，训练量和强度的逐步提升、训练内容的逐步完善，离不开这些训练活动对学生足球运动培养的共同作用。在不同性别课余足球训练中，训练场地设施、方法手段等可以交融，相互促进。在竞赛体系构建上，更需要重视其催化循环效应的最大化，注重比赛的层次性、差异化、互补性，确保各运动队都有展现实力的舞台。此外，校园足球训练与竞赛间的相互促进、相互推动，也是重要的一个方面，侧重竞赛级别、次数与训练开展间关系的合理构建。

在校园足球提高文化系统内，催化循环表现为校园足球提高文化物品、文化活动、制度、历史、人物等感染力的相互催化。在校园足球普及文化系统催化反应中，对这些文化元素感染力的互补性有所阐述。在提高文化体系中，激发其催化循环功能显得更重要，这是对艰苦付出、努力拼搏的有力激励。学校足球运动队的光辉历史是学生足球运动员的一种深刻记忆和荣耀，是为之继续奋斗的强劲动力；校际运动队文化交流到专业队进行观摩等文化活动，是其参与艰苦训练精神动力的阶段性助推剂；学校足球运动队的保障和激励制度，是有力保障足球训练与竞赛活动开展的“工具”；对校足球明星运动员优异成绩的宣传，更是能够起到示范作用。各学校需依据现实情况，对提高文化物品制作、文化活动安排、球队历史编纂与呈现等方面进行综合统筹考虑。

在校园足球提高管理系统内，催化循环表现为提高的决策、组织、协调、控制等过程对学生足球运动员培养作用的相互催化。学生足球运动员的发展以及校园足球提高活动的开展，都离不开其管理系统的作用，该系统内各要素间协同工作，更是能提升对此的作用。校园足球提高管理系统中各管理环节建设要均衡，对此有较大影响，即在这些管理环节中人员配置、制度设计、保障条件等需要均衡，不至于因为有些环节薄弱，影响整体管理效果。目前，各管理环节的运作还是存在较大问题的，例如决策环节，虽然建立起了较有影响力的校园足球工作领导小组，但是其实际运行机制不健全，所开展的决策活动也是偶尔为之。此外，各管理环节间任务分配、运行时空节点的把握，需特别注重，任务分配不妥、运行脱节将会严重影响校园足球提高管理的整体效果。

三、普及与提高系统间催化循环

在校园足球普及与提高人口系统间，催化循环表现为普及系统内对学生足球参与者吸引过程与提高系统内对学生足球运动员吸引过程的对接，形成一个对学生足球运动员吸引的催化循环。一般来说，新增的学生足球运动员，一方面源自纵向的低水平或低年龄学生足球运动员的输送，另一方面源自水平相对较高的、有发展潜力的学生足球参与者的加入。因此，从在普及系统内对普通学生的吸引，到在提高系统内对学生足球参与者吸引，形成了一个催化循环链。在这条链上，学生足球运动员群体内在魅力会发挥较大作用，起到催化剂的功能，能够吸引较多的学生足球参与者加入。此内在魅力主要源自足球运动队的历史传统、当前影响力、团队制度以及氛围等。这方面建设是目前校园足球发展需要注重的，需积极引导或给予经费支持，使各学校足球队能够营造历史氛围、扩大影响、完善制度等。

在校园足球普及与提高活动系统间，催化循环表现为普及系统内对学生参与者专项能力的培养与提高系统内对学生足球运动员竞技能力的培养间衔接在一起。先前已述，学生足球参与者是学生足球运动员的主要来源，不但因为有一定的专项技能基础，更由于其群体数量庞大，有潜力的对象多。在普及系统内学生足球专项能力的发展，再到提高系统内进一步提升，形成了一个培养催化链条。在这个过程中，普及系统内高水平培养活动的数量与质量，对其功能发挥起到了催化作用。在该系统内对一定比重的学生足球参与者专项水平进行拔高，使有潜力的学生显现出来，从而选拔至提高系统内，并能够快速适应其培养活动。这类活动可以是高阶段课程，也可以是俱乐部活动，还可以是训练营活动，这些目前在各学校内的发展，还是很欠缺的，这导致从部分学生群体中选材的量还选没达到预期，有些甚至仅仅依靠纵向的学生足球运动员特招。

在校园足球普及与提高文化系统间，催化循环表现为校园足球普及与提高文化物品、文化活动、制度等感染力的作用链。校园足球普及文化是一种大众文化，重点突出参与、健身、休闲、团队协作等主题，而其提高文化是一种精英文化，重点突出竞技、自我挑战、突破极限、勇于拼搏等主题。这两者对学生的影响也存在递进关系，前者影响的面较广、层面较低，对象是广大学生足球参与者，后者影响的面较窄、层次较高，对象是少数的学生足球运动员。然而，前者的影响逐步过渡到后者影响，牵引着学生足球参与者向足球运动员转化，这需要两者的催化。这时，班级、年级、俱乐部层面的足球竞技文化，对该作用链的发挥具有重要影响，能够将水平相对较高的学生参与者的追求进行逐渐引导、提升。在这些要素文化培育过程中，依托的还是学校层面的竞赛体系的构架与运行，这方面今后需着重考虑。

在校园足球提高管理系统内，催化循环表现为普及与提高的决策、组织、协调、控制等的统筹，形成催化效应。尽管校园足球普及与提高管理在内容上有差异，但是从上述三个方面的这两者间的各种作用链上来看，它们之间也需要相互兼顾，合理统筹，从而获得良好的整体效果。以往对提高管理是比较注重的，也是比较多的，例如对足球竞赛、训练、运动员特招等管理，然而，在这些管理过程中对普及活动带动考虑及措施较少。当前，在发挥普及与提高管理的催化反应链的作用时，需要注重提高带动普及的管理架构。以校园足球竞赛为例，过于以锦标为主，以至于一些参赛学校就盯住学生足球运动员训练以及特招，造成实力悬殊。所以需要在竞赛制度上激励普及活动的开展，对参赛选手、竞赛规则、竞赛组织等做出相应的规定。

第三节　校园足球发展系统内催化超循环

催化超循环是建立在催化循环基础之上的，是由多个催化循环有序衔接而成的，是一个大规模的、复杂的循环系统。催化超循环具有更为强大的催化能力，能激发更高层次的整体效应，在各类、各层功能各异却有机统一的催化物作用下，使最终产物具备优异的功能或是完善的结构。此外，该循环还具有组织调动功能，在该循环系统内各环节间频繁反馈、相互督促，具有强大的自我组织能力。可见，该循环功能的发挥，需要构建更高层次的催化循环回路，并且，使各类催化循环功能互补、有序衔接，构建完善的反馈回路。在校园足球系统中，架构催化超循环，是加快其发展的一个重要路径，即通过机制建设、体制改革，架构更高层次的催化循环通路，并将上述的催化循环有机地整合在一起，确保符合标准的校园足球人口指数式增长。

一、区域校园足球各子系统间催化超循环链

校园足球系统涉及人口、活动、文化、管理等多个子系统，各子系统间有着各自的催化循环方式，它们之间再整合在一起，形成发展校园足球人口超催化链。校园足球人口系统发挥凝聚力，活动系统发挥培养力，文化系统发挥感染力，管理系统发挥开发和保障功能，这些子系统功能整合在一起将会产生更高的整体效应。这些系统间催化循环的对接具有一定层次性，管理系统的开发与保障是基础层面，为其他系统运行提供基本条件；活动系统内培养是发展层面，使学生专项知识与能力得以迅速发展；文化系统内感染是提高层面，通过散发校园足球文化的内在魅力，熏陶学生们对校园足球的情操；人口系统内的凝聚是巩固层面，通过构筑和谐的校园足球人口群体生态环境，维持该群体的规模，或推动其增长。在这过程中，管理系统对其他系统运行及效果的监测、反馈、开发起到了重要作用。

此外，从另一个角度看，校园足球系统是由众多的学校构成的，从省、市区域看，学校数量非常可观。然而，各学校间存在一定的独立性，这对校园足球系统超催化循环的形成有较大影响，特别是在不同年龄段、不同下级区域间校园足球人口流动，校园足球活动、文化、管理的衔接等诸多方面都存在问题，这在一定程度上阻断了校园足球系统的超循环链。省、市校园足球工作领导小组这一高层架构，在这个方面急需发挥作用，要大力推进机制建设、制度改革，做好各层校园足球资源的均衡分布，做好其各种活动、文化以及管理的一体化设计，以各级各类足球考试制度和竞赛体系改革，来引领区域校园足球催化超循环系统建设。

校园足球普及系统中超催化循环体现在其普及各子系统间的催化作用上，其作用大小取决于各子系统输入与输出物所形成的影响。在普及人口系统中，需要输入各年龄段、性别学生足球参与者，使该群体规模扩大，结构趋向合理；需要输入增强学生足球参与者群体凝聚力的要素，例如学生足球参与者流动的保障制度、足球活动开展的频次与形式、普及足球文化制作与

传播力度等,使群体的退出人口减少。该系统可向提高系统输送学生足球运动员,所形成的吸引力能够使更多的普通学生参与到校园足球中来,所形成的人口基础能够为其他子系统运行、扩大提供保证。从以上论述中也可以看出,该子系统与校园足球活动、管理、文化等子系统间具有输入与输出的关系,当然后面几种子系统中也具有内在输入与输出关系。

在校园足球提高系统中各大子系统间也存在类似输出与输入间的关系,但是,具体的输入与输出物存在差异。校园足球提高活动系统输出的是更具学生足球运动员培养功能的训练和竞赛,校园足球提高管理系统输出的是更具有效性的学生运动员保障制度以及制衡制度,校园足球提高文化系统输出的是代表竞技、追求极限、英雄主义等文化元素,这些推动提高人口系统不同运动水平、年龄段学生足球运动员群体结构优化,以及该人口群体凝聚力的提升。同样,校园足球提高人口系统的扩大也是对这些子系统的保障。所以,依靠几个尖子学生足球运动员撑“场面”,年年比赛摘金夺银的都是“熟面孔”等,这些对青少年校园足球力量的壮大是不利的,需要有一定的制衡制度予以约束。

构筑校园足球内超循环联系受到“学校藩篱”的影响,由于各学校独立性较强,会制约该系统内超循环联系的形成。那么,如何减弱这方面影响,增强校园足球超循环效应,还是需要进行探讨。区域足球联赛的开展,在这方面起到了重要作用,使各学校的校园足球在一个方面上融合在一起。然而,目前,这个点对区域校园足球发展的带动作用还未充分显现出来,涉及竞赛数量少、参加队伍少、层级搭建滞后、实力悬殊明显等问题。多级联赛制度的建设将是对这个方面的有力推进,当然还需要考虑多类联赛制度的架构,形成一个立体化的校园足球竞赛体系。除了这一点,其他方面的对接也需要进一步开拓,例如区域学校间的足球课程、足球课外活动(俱乐部)、足球普及人口和学生足球运动员的统一管理、足球运动水平的统一认证等。以校园足球联盟、校园足球特色学校作为载体,特别是针对各校园足球普及系统间融合。

二、区域校园足球与教育系统运行间催化超循环链

区域校园足球系统虽然与教育系统关系紧密，但还是具有各自较强的独立性，学生足球参与者、学生足球运动员与普通学生，足球运动、体育与智育，足球管理、体育管理、教务管理，足球文化、体育文化、校园文化等，对这些方面需求要建立有效的循环链，从而来增强该系统的超循环功能。教育系统内普通学生是学生足球参与者和运动员增长的一个输入源，通过足球课程学习、课外活动参与以及足球校园文化的熏陶，使更多普通学生能够参与进来；同样，校园足球系统内学生参与者和学生足球运动员群体是吸引普通学生参与的一股重要力量，通过传递愉悦、健康、激情等信息，在相互接触过程中引导后者逐步参与进来。同样，在其他方面也存在类似的循环关系，在校园足球普及系统中的表现相对突出。

在校园足球普及系统中，要注重其活动与智育等活动间的催化循环关系，两者之间形成正向的推动效应，从事一个方面活动能促进另一个方面活动质量的提升。目前，这方面的关系建立不甚理想，各学校过度重视智育活动，导致校园足球活动的开展受到约束。此外，过多地参与校园足球活动影响到智育方面的学习，也将导致同样的情况。因此，一方面，需要构筑起两者间融合的关系。通过课程设置改革，使校园足球活动开展时间、空间、量和强度设置上，能够兼顾到较高质量智育活动开展需求，或是能够抓住与智育活动开展相得益彰的阈值；通过提高校园足球活动效率，压缩开展时间，从而使智育活动开展时间不受影响。另一方面，需要将两者统一到人的全面培养过程中来，不仅仅是强调智育成绩的重要性，更要看重校园足球开展在人全面发展中的作用，通过中考和高考制度的改革，借此带动学校课程体系的调整，来突显这个方面。

在校园足球提高系统中，更需要注重其开展与文化课学习间的催化循环关系。由于校园足球训练、竞赛等活动，对学生足球运动员运动水平或状态要求高，需要其投入大量时间来发展，这势必会影响到学习，如果从小学

就开始较多的业余训练，这方面的积累效应会更明显。经常听到的是，“这批学生足球运动员只会踢球，学习成绩都不行”。这不仅仅是一句简单的评价，久而久之，会让大家形成“踢球耽误学习”的概念，影响两者协调关系。因此，需要制定一些制约措施来推动足球训练与文化课学习间和谐关系的建立。例如，制订校园足球参训的文化成绩底线，低于这条线则要求停训，直至文化成绩达到要求为止。这个原则的实施往往受到现实功利主义的影响，学校投入资源开展校园足球训练，更希望有比赛荣誉快速地作为回报，这就经不起尖子学生足球运动员的停训。此外，这方面实施的年龄段越早越好，受教育年龄段越高，越难跟上。这就需要从顶层设计上予以约束。

此外，校园足球系统与教育系统间超循环催化关系的搭建，在其文化、管理等方面也会存在相互推动的关系，需要积极探讨，如果不注意其中存在的矛盾关系，就有可能形成相互约束的对立关系。

三、区域校园足球与体育系统运行间超循环链

体育系统内拥有较多的足球资源，涉及足球运动开展经费、足球场馆设施、足球教练、高水平足球运动员以及高级别足球竞赛等。体育系统内这些元素运行与校园足球体系形成一个相互推进的循环回路，大大带动后者的发展。就像校园足球提高人口的发展，在学校范围内已经达到较高足球竞技水平后，需要更高的继续晋升空间，甚至是一个以足球谋生的场所（职业足球运动员）。从另一个角度看，与体育系统深度融合是校园足球系统超循环链形成的一个重要方面。学生足球运动员最终的出路问题一直制约着校园足球系统的发展，体育系统内各种职业资源将会是尖子学生足球运动员走向社会、立足社会的提供条件，这是教育循环的一个完整过程。同样，在体育系统中，需要有大量的青少年足球运动员涌现出来，日后在国际赛场上为国争取荣誉，在职业赛场上满足人民大众对美好生活追求的需求。体育系统内各项体育事业的发展需要更多专业人才的参与，例如在条件许可时，社会体育指导员制度的建设等。

在校园足球提高系统中，除了青少年足球人才输送等与体育系统形成循环链外，还需与青少年足球管理体系、竞赛体系、训练体系、资源体系逐步形成融合。在管理体系上，青少年足球运动员注册、登记、通级等方面要充分考虑学生足球运动员的融入，要考虑到该群体与体校的青少年业余足球运动员起点的差异，有针对性地设计考级制度、各种准入制度，并与现有运动员等级管理等制度形成良好衔接。在竞赛体系中，体育系统需要更多的开放措施，建立起范围宽广的区域各年龄段足球代表队选拔体系，让少体校、普通学校、足球培训学校等中的精英青少年足球运动员均有施展才华的舞台。在这基础上，自然地带动训练体系的改变。在体育系统内的优质训练条件（高水平教练以及完善的训练保障），用于保障来自各方的优秀青少年足球运动员的训练，由此，所涉及训练组织、训练内容安排、训练方法方式等都需要系列变化。此外，需要更快地推进教育系统与体育系统内足球场地设施共建、共用机制建设，从而提升足球场地、设施的使用率以及数量。同样，在建设推进过程中，校园足球系统也需要进行相应的调整。

在校园足球普及系统中的学生足球参与者培养方面上（例如课外足球活动开设），需与体育系统形成良好的超循环链。竞技体育魅力还是在于竞赛本身，特别是较高水平的竞赛。在体育系统中，所组织的足球竞赛水平较高，所培养的学生足球运动员专项能力强，所拥有的足球场馆设施专业性就强，这些对于校园足球普及系统内学生足球参与者来说，是较好的足球运动参与兴趣、情感、动机培养的优质资源。在体育系统所举办的高水平赛事举办过程中，推动广大的学生足球参与者进行欣赏，积极组织有名足球教练和足球运动员进校园指导或与学生足球参与者互动交流，通过举办训练营等方式让有一定足球运动基础的学生体验专业足球训练等，都有助于提升普通学生足球参与者对足球运动的情操。目前，若想让体育系统对校园足球普及系统中普通学生足球参与者发挥催化作用，需要在制度上加以改革，不然该系统在融入的主动性上则会较为缺乏。例如，有球队赞助商的要求或上级领导部门的要求，并且在制度设计上予以保障。

在校园足球普及与提高协调发展中，也需要体育系统在校园足球普及面扩大、普及水平提升上发挥催化作用。正如上述所提到的,体育系统与校园足球系统间足球场地设施的共建、共用,优秀足球教练和运动员进校园的带动作用,以各种形式培训活动来丰富校园足球课外活动等。但是,如果不加以引导,两者间关系搭建不当,反而会较大程度上影响到校园足球普及与提高的协调发展。这样的现象也是存在的,例如,两个系统联合培养青少年足球运动员。这是目前较为常见的两个系统合作模式,体育系统负责选拔、训练学生足球运动员;学校负责文化课学习以及日常管理,或者提供训练场所。同时,这些学生足球运动员代表学校参加比赛,赢得荣誉,但是这对校园足球系统的长期发展是不利的,因为这些少数的尖子足球运动员组成代表队参赛,就能够为学校赢得较高荣誉,形成校园足球发展的业绩点,这对学校再往校园足球普及系统内投入是有制约的,毕竟整体资源是有限的。另外,在一个区域内,能与体育系统建立这方面联系的也是少数学校,它们在校园足球竞赛中会占据特有的优势,这对于其他参赛学校来说,是极为不公平的,甚至影响其推动校园足球建设的积极性。

四、区域校园足球与家庭系统运行间超循环链

区域校园足球系统超循环链的发展离不开家庭系统的介入。对于校园足球系统来说,众多普通学生足球参与者和学生足球运动员能够参与进来,对其发展是非常有帮助的。家庭系统介入,一方面能够提升校园足球系统原有培养体系的功能,另一方面,将会是对其原有培养体系的一种有力延伸。学生参与校园足球活动,本身需要得到家庭的支持,不管从物质上,还是精神上,对学生参与的量和效果都有极大的推动作用。此外,在校园足球活动中家长也能参与进来,担负起一些活动角色,能够提升其培养效果。另外,如果家长也掌握了一些足球训练技能,能在课余休闲时间陪同孩子进行足球练习或观赏重要足球比赛,这对校园足球系统内的培养也是一种很好的补充。

校园足球系统与家庭系统间超循环催化链的搭建需要做大量的工作。

目前，在学生足球运动员培养方面，家庭系统会有所介入，在校园足球普及活动参与中给予孩子经济支撑、精神鼓励或者是亲自陪同。这些都是基于家长们希望孩子从中能够获得升学加分或保送入学的机会。在普通学生足球参与过程中，家长们也会有所参与，在闲暇时间，不影响文化课学业情况下，陪同孩子进行足球运动来锻炼身体。但是，这些还是比较初级的，家长们予以了一定的配合，所涉及的面不广、程度不深。推动该超循环催化链的搭建，需要培养家长们的足球专业素养，这是一个推动该链条有效运行的核心催化剂。学生在校外的时间也是挺多的，这就需要家长们介入至培养过程中来，特别是对于校园足球普及系统内的普通学生足球参与者来说，数量大、分布广，更需要家长们发挥作用。当家长们具有一定足球专业素养时，就会有兴趣、有意识、有能力来安排、带动、指导孩子们进行足球运动。在比利时，周末时常见到家长和孩子一起，身着专业的足球运动服，家长带着孩子踢足球，给孩子做示范，安排一些练习活动。

家长一直被认为是推动校园足球发展的一大抓手。目前，常以孩子升学出入为切入点来牵动家长的心，例如体育中考中加入足球项目考试，在大学设置更多的高水平足球运动队来扩大足球项目特招量等。这种以激起家长们功利心来驱动对孩子校园足球参与的支持，对校园足球发展推动效果是短暂的，家长们作用也未能得到全面的发挥。就如当下的中考体育，学生们参与体育运动的目的、家长们支持的动力以及学校体育的方向都围绕中考体育了，虽然压着学生去练这些项目，但是学生们只是感受到了体育压力（中考考完就不练了），家长们的支持也仅限于一段时间范围（还埋怨体育），学校体育更是只剩下教中考体育项目了（体育课程体系形同虚设）。所以，还是要培养家长们的足球素养，让他们参与、了解足球运动，学会一些基本的训练方法，在校外时间，带动、指导、陪同孩子进行足球运动练习。这也是推动校园足球普及与提高系统协调发展的一个重要环节。

第七章　校园足球人口发展的系统动力学分析

导读

基于先前对校园足球系统内部条件、外部变量、动力机制以及组织机制的探讨，本章采用系统动力学分析方法，探讨了校园足球人口发展的系统动力。针对校园足球普及人口系统、提高人口系统、“普及”与“提高”人口系统间状态的发展，分析了校园足球人口系统中学生足球参与者水平、年龄、性别分化和关联等内在条件，学生足球参与者、学生足球运动员以及高水平学生足球参与者需求满足度的影响，统招考试、特招考试、评优评奖等协同因子的作用，校园足球特色学校、高水平足球运动队以及高水平校园足球俱乐部等催化因子的作用，以及受到外界环境的影响。

第一节　校园足球人口发展的建模思路

一、普及人口发展建模思路

从前面章节中可见，校园足球普及人口系统的发展受到多种系统因素的影响，例如外部变量、内部条件、动力机制、组织机制等。通过这些因素作用，推动着校园足球人口系统核心状态演化，其中，该系统序参数状态控制着各影响因素的作用强弱。从图 7-1 中可见，校园足球人口核心状态表现为，校园足球参与者的数量规模和运动水平。

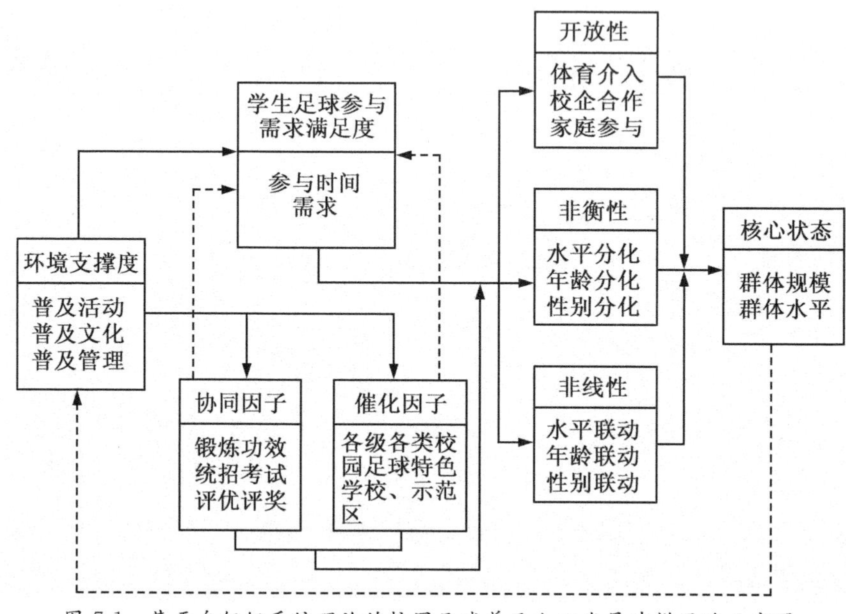

图 7-1　基于自组织系统理论的校园足球普及人口发展建模思路示意图

这些系统核心状态的变化，受到三大系统内部条件的影响，分别是该系统的开放性、非衡性以及非线性。这些系统条件的形成，与协同因子和催化因子，在动力机制和组织机制上的作用密不可分。然而，这两个推动校园足球人口系统发展的动因，既受到学生足球参与者需求满足度这一系统序参数的影响，又反作用于此序参数，影响着其状态的变化。此外，校园足球人口系统所处的外部环境，提供物质、能量、技术、信息等支持，是该系统发展的基础。

具体地讲，校园足球人口三大系统内在条件表现是多方面的。(1)在开放性方面，主要涉及学生足球参与者，在教育系统与校园足球普及系统间流动，在各年龄层与运动水平层校园足球普及系统间流动。还涉及家庭系统或基层足球培训班等在培养学生足球参与者中发挥作用的程度。这些体现了校园足球、社区足球以及产业足球间相互开放的状态。(2)在非衡性方面，主要表现为学生足球参与者群体运动水平、年龄阶段、性别分布上的不断分化，推动着各年龄层、运动水平层以及性别层的学生足球运动员规模不断扩大，水平不断提高。(3)在非线性方面，主要涉及上述三个变量维度不同层面间联动的加强，相互促进、带动，从而使各层面人口形成指数型发展态势。

同样，在推动校园足球普及人口系统发展的协同因子、催化因子以及环境支撑度上，也有着较为具体的主要观测点。这些观测点具有校园足球发展的阶段性特征，例如为升学资源而展开的竞争与协同，虽然是外源性的，不针对足球运动本身，但是在现阶段校园足球参与氛围还不是那么浓厚情况下，其在推动普及人口增长上也能发挥显著作用。

二、提高人口发展建模思路

学生足球运动员群体的发展，依赖于其提高人口系统的演化，其演化由各影响因素的作用来推动。如图 7-2 所示，该系统的核心状态变量表现为，学生足球运动员数量规模和运动水平，受到三大系统条件的影响。其中，系统开放性主要体现为学生足球运动员的校内选拔、校外输送、联合培养等方面，展现了与教育系统、体育系统以及企业系统间在这方向上的交流；系统非衡性主要涉及学生足球运动员群体在年龄层、水平层以及性别层之间的分化度，这些层面分化度的增加体现出系统势能的扩大，形成系统演化的动力；系统非线性主要体现在各层学生足球运动员人口间发展的联动程度上。如果发展各层发展能相互带动，就会形成累积效应。

当然，这些系统内在条件的变化，与校园足球提高人口系统内动力和组织机制建设有关。后两者动力因素，具体也可体现在多个方面。当前认为，在协同因子上，学生足球运动员围绕着特招、三位一体等升学机会展开相互合作和竞争，围绕着获得更好的校园足球竞训活动效果等展开相互合作和竞争，围绕着各种竞赛成绩、各种奖项、奖学金等荣誉展开相互合作和竞争；在超催化循环组织机制建设上，还是需要大力增加高水平学生足球运动队

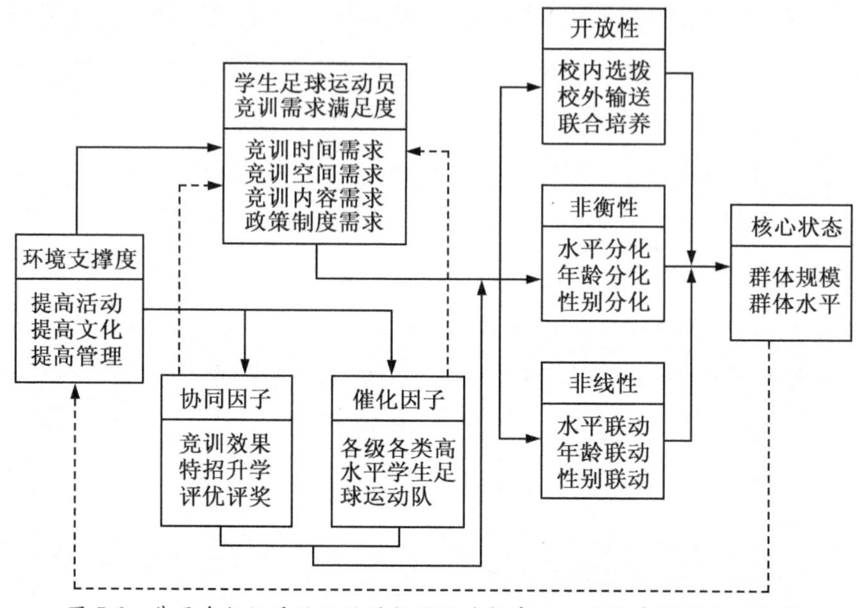

图 7-2 基于自组织系统理论的校园足球提高人口发展建模思路示意图

数量，以此来催化校园足球提高人口的增长。这很大程度上需要依靠校园足球提高活动、文化、管理等子系统的发展程度。

三、普及与提高人口协调发展建模思路

如图 7-3 所示，在校园足球普及与提高人口的协调发展中，主要体现在高水平学生足球参与者群体数量的增长上。该群体足球运动水平相对较高，校园足球参与年限较长，参与了相对系统、规律的校园足球训练与竞赛活动（校园足球俱乐部训练和竞赛）。在这样的中间群体中，学生足球参与者容易参与进来，学生足球运动员也容易选拔得到。其在学生足球参与者向学生足球运动员成长过程中，起到非常重要的中介作用，能够带动学生足球参与者群体发展，也能够扩充到学生足球运动员群体中去。

因此，在校园足球普及与提高人口协调发展中，该群体数量与水平的发展是核心状态变量。该群体的校园足球参与需求满足度，则是牵动该系统状态变化的序参数。从当前来看，主要是涉及校园足球俱乐部体系的建设，

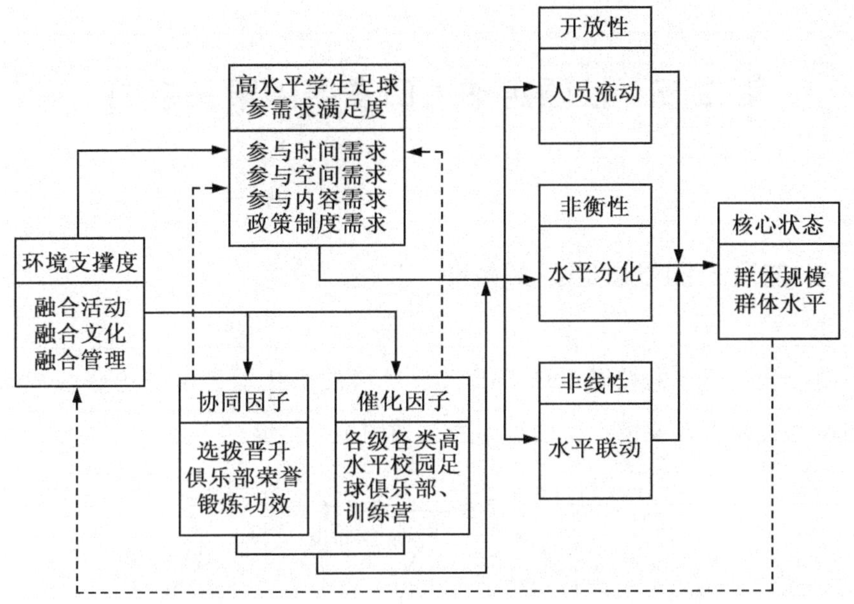

图 7-3　基于自组织系统理论的校园足球"普及"与"提高"人口发展建模思路示意图

涉及对高水平学生足球参与时间、空间、内容以及政策制度需求的满足。在这当中，对校园足球俱乐部的内涵、特征、运行机制、保障机制、评价模式等还需要进行大量的探讨（俞和文和刘东锋，2019），以确保其建设的有效性。

在校园足球普及与提高人口协调发展过程中，其普及与提高系统间融合发展显得尤为重要，这需要高水平学生足球参与群体的迅速发展。该群体发展离不开其开放性提升，主要表现在学生足球参与者与学生足球运动员两类群体中人员的交流上。优异的学生足球参与者被选拔至学校足球运动队中，参与足球训练和竞赛；同样，学生足球运动员可被聘请至校园足球课程教学中，参与这些教学活动的辅助工作。此外，这涉及该群体的非衡性和非线性发展，前者主要表现在不同水平学生足球参与者和学生足球运动员各自在运动水平上的分化；后者表现在这两类群体各水平层间相互关联在一起，形成协同发展效应。

第二节 校园足球人口发展因果关系图

一、普及人口发展因果关系图

基于先前所述的校园足球普及人口发展的系统动力学理论建模框架，校园足球普及人口规模扩张的因果关系如图 7-4 所示。

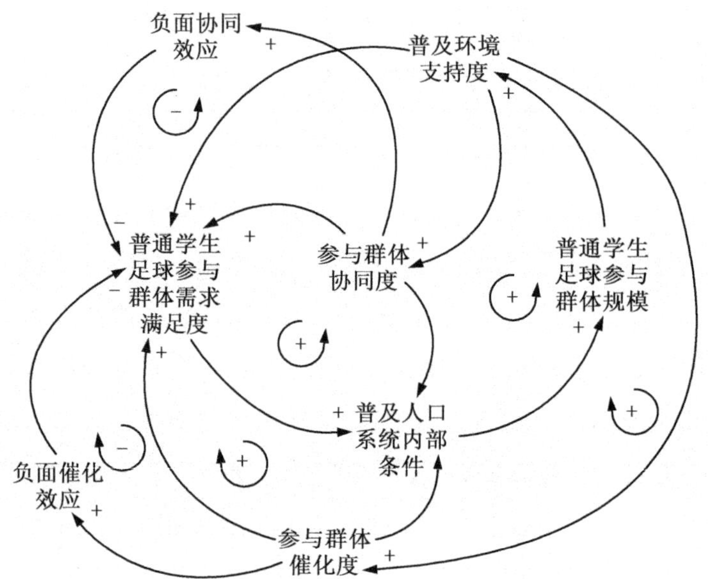

图 7-4 基于自组织系统理论的校园足球普及人口发展的因果关系图

其中，校园足球普及人口发展的影响路径如下。

第一，学生足球参与群体规模→普及环境支持度→学生足球参与需求满足度→普及人口系统内部条件→学生足球参与群体规模。这是一条正反馈路径，推动校园足球持续增长。学生足球参与规模扩大，引起其普及环境建设加强，随之对学生校园足球参与支持力度提高，这使他（她）们参加校园足球运动需求满足度得以增长，再通过校园足球普及人口系统内在条件的演进，推动该系统规模的进一步扩大。发挥这一条循环链的功能，有很多地方需要注意，特别是普及环境支持度提升与学生足球参与需求满足的匹配，如果投入大量资源建设后者，引起前者变化较小，这就影响了该循环链功能的发挥。

第二，学生足球参与群体规模→普及环境支持度→参与群体协同度→学生足球参与需求满足度→普及人口系统内部条件→学生足球参与群体规模。与前面相比，这条正反馈通路，增添了参与群体协同度变量的变化，并将其置于普及环境支持度和学生足球参与需求满足度两个变量之间。可见，通过校园足球普及环境建设有针对性地增强对学生参与群体协同度发展的支持，从而有力推动学生足球参与需求满足度增加，是加强校园足球普及环境建设投入效益的一个重要体现，也是加快校园足球普及系统发展的一个抓手。

第三，学生足球参与群体规模→普及环境支持度→参与群体催化度→学生足球参与需求满足度→普及人口系统内部条件→学生足球参与群体规模。从这条校园足球普及人口系统扩大的正反馈路径中看，学生校园足球参与者群体催化度变量参与了其中，成为该循环链条中一个显著特征。校园足球普及环境的建设需要考虑到对该群体催化度提升的支持，使该群体内聚合突变能力增强，从而提升学生校园足球参与满足度，这也是对提高该系统环境建设投入效益的一方面体现。

第四，学生足球参与群体规模→普及环境支持度→参与群体协同度→负面协同效应→学生足球参与需求满足度→普及人口系统内部条件→学生足球参与群体规模。这是一条负反馈通路，在校园足球普及环境支持度与学生足球参与需求满足度两个变量之间，架构了参与群体协同度以及由其形成的负面协同效应，如果在该效应持续扩大，将会阻碍校园足球普及人口系统的发展。如果该系统环境建设无形中推动了其扩大，将会起到事倍功半的效果。例如，当前的中考体育制度，在一定程度上导致了竞争的单一化，从而使初中体育课程与学生体育锻炼参与的特殊化与功利驱动，进而使体育课程体系缩小，学生参与度只能说是阶段性增加，由于枯燥、单调参与所引发参与兴趣下降,从长远看还是得不到发展的。

第五,学生足球参与群体规模→普及环境支持度→参与群体催化度→负面催化效应→学生足球参与需求满足度→普及人口系统内部条件→学生足球参与群体规模。这条循环链也是一条负反馈回路,是由于学生足球参与者群体催化负面效应所引起的对该群体人口增长的抑制作用。在该系统中,催化超循环回路科学搭建,催化物的正向影响力强大,能迅速推动学生足球参与者群体的扩大,反之对该群体发展的负面影响也是显而易见的。例如校园足球特色学校的评选和考核是将各校园足球特色学校聚合在一起(苗士泽,2019),形成系统性发展的合力,是推动其全面和快速发展的一项有力举措。但是,缺乏该制度运行常态化督查体系,将会使其应有效果难以体现。如果评选和考核机制不合理,甚至会挫伤大批学校发展积极性,阻碍该系统的持续演进。

二、提高人口发展因果关系图

与校园足球普及人口发展的框架相同,推动其提高人口发展的各系统因素作用路径如图7-5所示,包含以下五条循环链。

第一,学生足球运动员群体规模→校园足球提高环境支持度→学生足球运动员竞训需求满足度→校园足球提高人口系统内部条件→学生足球运动员群体规模。这是一条正反馈路径,通过校园足球提高环境支持度发展,来带动学生运动员竞训需求满足度的提升,从而推动校园足球提高人口系统演进,再触发对校园足球提高环境支持的要求,形成良性循环。例如,以校园足球竞训场地设施条件的改善来满足学生足球运动员对竞训空间的需求,来引发学生运动员水平的分化,使各类、各层之间关系更为紧密,从而推动该系统发展,进而形成对该条件的更高要求。对于这条循环功能的开发,需要注意对学生足球运动员竞训空间需求的正确认识和适度引导,需要通过提高校园足球竞训场馆设施使用率、低成本改造、共建共用等途径来提升场地设施条件。

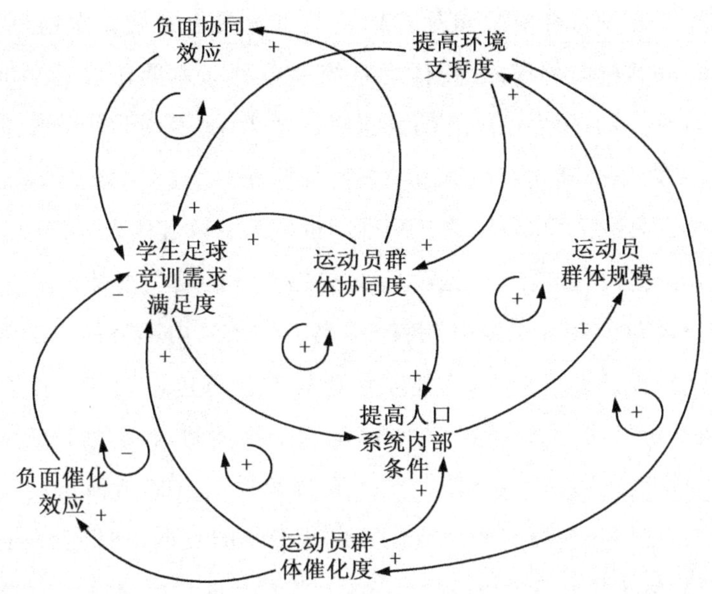

图 7-5　基于自组织系统理论的校园足球提高人口发展的因果关系图

第二,学生足球运动员群体规模→校园足球提高环境支持度→学生足球运动员群体协同度→学生足球运动员竞训需求满足度→校园足球提高人口系统内部条件→学生足球运动员群体规模。在这条正反馈回路中,运动员群体协同度发挥了重要作用,其在提高环境支持度与运动员竞训需求满足度两变量间构筑了“桥梁”。校园足球提高环境建设,通过为运动员群体协同度提升创造条件,来不断满足学生运动员竞训需求,进而达到运动员群体增长的目的。例如,校园足球竞赛是运动员们竞争与合作的一个重要体现,其建设是提高运动员协同度的一个重要途径,校园足球竞赛开展的广泛性、层次性、差异化等都是其建设的重要方面,以此来推动运动员们竞争与合作面的拓展。

第三,学生足球运动员群体规模→校园足球提高环境支持度→学生足球运动员群体催化度→学生足球运动员群体竞训需求满足度→校园足球提高人口系统内部条件→学生足球运动员群体规模。在这条正反馈通路中,增添了运动员群体催化度这一个变量,与该群体协同度变量一样,是强化提高环境支持度对运动员群体竞训需求满足度提升影响的重要中介变量。对该变量作用的开发将会对校园足球提高人口发展起到重要作用，例如与体育局联合培养的机制的搭建，使体育系统专业足球力量介入学生足球运动员培养中，让更多的学生足球运动员能够输送上来，并受到较为专业的足球教练指导，还能享受到体育系统内的一些保障条件，这对学生足球运动员群体催化度提升具有显而易见的作用，进而也推动着该群体人口扩大。

第四，运动员群体规模→提高环境支持度→运动员群体协同度→负面协同效应→运动员竞训需求满足度→提高人口系统内部条件→运动员群体规模。这条负反馈循环回路，主要是由于运动员群体协同的负面效应触发的，其导致学生足球运动员竞训需求满足度受到抑制，影响其系统演化的内部条件，导致该群体规模的下降。学生足球运动员群体负面协同效应可体现于多方面，就如先前提到的区域校园足球竞赛的发展，如果竞赛制度不合理，就会对群体规模扩大产生较大影响。当前区域校园足球竞赛体系中就存在诸多问题，最明显的一个就是参赛队伍之间实力相差悬殊，一方面导致多数球队参赛需求不足，从而影响到其学生运动员培养等系列状态；另一个方面导致该竞赛影响力不足，受各方面关注度少，从而减弱对潜在的学生足球运动员的吸引力。试想一下，日本的高中足球决赛可吸引 5 万多观众观看，还受到媒体追捧，即便是这些学生运动员最后走不上职业足球道路，但能参与到这么一场比赛中来也是极为有吸引力的。

第五，学生足球运动员群体规模→校园足球提高环境支持度→学生足球运动员群体催化度→负面催化效应→学生足球运动员群体竞训需求满足度→校园足球提高人口系统内部条件→学生足球运动员群体规模。与前面反馈循环回路一样，这是一条由学生足球运动员群体负面催化效应所触动的负反馈通道。学生足球运动员群体发展的超催化循环体系形成并非只是建立起更大规模间相关联系，关键是这些联系能够推动该群体数量指数型增长。相反，如果形成了不适宜的联系，也将抑制这方面的增长。例如，校园足球体系与体育系统或足球企业系统的联合。这种联合能够借助外系统的专业力量，加快学生足球运动员培养，使其质和量有明显的变化，但是过度倚重这些专业力量来达到功利性目的，从长期来看，将会阻碍这方面发展。在一些学校中，仅仅是通过与体育局或足球企业共同培养，依靠这些能力出众的学生足球运动员获取荣誉，扩大学校影响力，依托这条“捷径”，会极度弱化自身学生足球运动员选拔、培养的作用，降低对校园足球普及系统发展的带动作用，更会减弱从普及系统中发展学生足球运动员的功能，结果是被以前体育系统的培养模式所同化。

三、普及与提高人口协调发展因果关系图

图 7-6 所示为自组织理论视角下，要素协同、要素催化以及序参数作用对校园足球普及与提高协调人口系统发展影响的路径图。其中，该系统的核心状态表现为高水平学生参与群体规模，协同因素表现为学生需求参与群体与学生足球运动员间协同度，超循环组织因素展现为这两类群间催化度，序参数作用即为高水平学生参与群体需求的满足度。

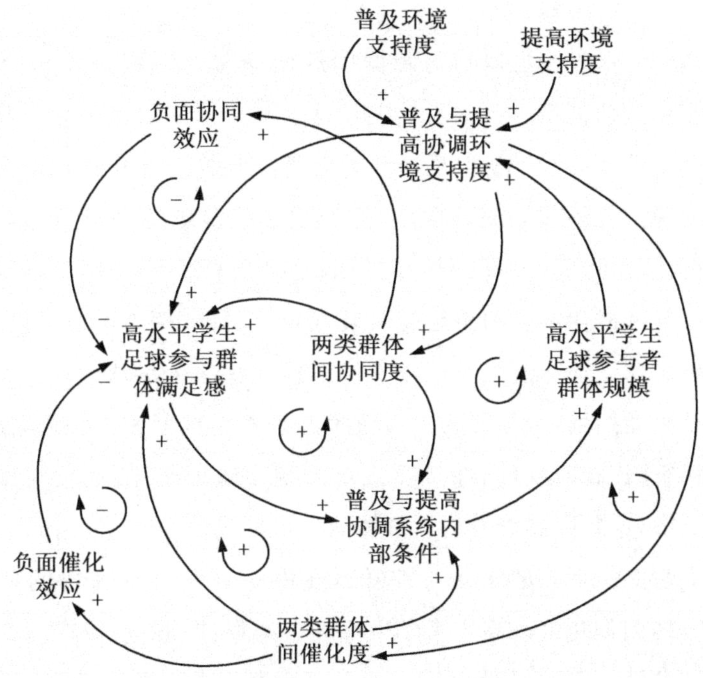

图 7-6　基于自组织系统理论的校园足球普及与提高人口协调发展的因果关系图

从上述路径图中可见，此类群体规模扩大具有以下五条路径。

第一，高水平学生足球参与者群体规模→普及与提高协调环境支持度→高水平学生足球参与群体满足度→普及与提高协调系统内部条件→高水平学生足球参与者群体规模。高水平学生足球参与群体满足度是这条循环回路中一个重要状态变量，其提升将会作用于高水平学生足球参与者群体规模的扩大。反过来，这方面增长也会通过群体凝聚力等提升，来进一步满足该群体对校园足球参与的满足度。例如，如何确保高水平学生足球参与者活动时空以及构筑其参与内容框架是一个重要方面，使其既能区别于低阶层学生足球参与群体的较多自主性参与，又不像学生足球运动员那样严格地从事课余足球训练和竞赛，从而形成这类群体的活动时空。校园足球俱乐部模式建设是推动这方面发展的一条有效途径，通过这条途径建立起高水平学生足球参与者的课余训练与参赛体系，来推动普及人口足球运动水平的不断提升，从而提高该类群体的数量，为学生足球运动员增长奠定基础。

第二，高水平学生足球参与者群体规模→普及与提高协调环境支持度→两类群体间协同度→高水平学生足球参与群体满足度→普及与提高协调系统内部条件→高水平学生足球参与者群体规模。在这条推动高水平学生足球参与者增长的循环回路中，着重突出学生足球运动员群体与学生足球参与者群体间协同度发展的推动作用，这方面作用将直接影响到高水平学生足球参与者群体需求的满足度及其数量。当前，两者的协同度不高，这与以往学生足球运动员选拔、培养机制有关，这些学生足球运动员源自于特招输送或是机动招纳，未与普及人口系统的培养形成紧密的关联，还有其训练的锦标性很强，相对封闭，在普及人口系统中映射很小，这使得他们间竞争与协作面窄，这些阻碍着这两类群体间的协同度。

第三，高水平学生足球参与者群体规模→普及与提高协调环境支持度→两类群体间催化度→高水平学生足球参与群体满足度→普及与提高协调系统内部条件→高水平学生足球参与者群体规模。在这个循环回路中，突显了学生足球运动员和学生足球参与群体间催化度提升的作用，从中体现出组织机制改变对高阶学生足球参与者群体扩大的影响。通过组织机制建设，如何使校园足球俱乐部模式成为学生足球参与者向学生足球运动员转化的孵化器，是一个需要着重探讨的问题，其中涉及学员招收、活动组织、运动水平认定、训练队组建、参赛安排，以及与学生足球运动员训练队对接等。这些建设将会对高水平学生足球参与者群体扩大产生催化作用。

第四，高水平学生足球参与者群体规模→普及与提高协调环境支持度→两类群体间协同度→负面协同效应→高水平学生足球参与群体满足度→普及与提高协调系统内部条件→高水平学生足球参与者群体规模。同样，这两个群体间协同度发展需要合理把控，否则也将影响到学生足球参与，从而阻碍其运动水平的提升。例如，学生足球运动员选拔机制建设，在这个过程中存在着高水平学生足球参与者与学生足球运动员之间竞争，前者希望流入，后者希望留住，如果在制度设计上未将前者作为一个潜在对象来看待，提供一定的训练机会来激发，而是与后者同等对待，由于先前训练水平差异，这将会导致高水平学生足球参与者难以流入。同样，如果在该制度建设中，寄期望从体育系统或下层提高系统中招收新学生足球运动员，也将会影响到高阶学生足球参与者流入量，进而影响到其整体规模。

第五，高水平学生足球参与者群体规模→普及与提高协调环境支持度→两类群体间催化度→负面催化效应→高水平学生足球参与群体满足度→普及与提高协调系统内部条件→高水平学生足球参与者群体规模。在这条循环回路中，主要突出两类校园足球群体间负面催化效应对高水平学生足球参与者群体规模扩大的影响。一方面，这种负面催化效应体现在学生足球运动员群体对学生足球参与者的负面影响力，形成了反向的催化效果。例如该群体竞技水平低、团队氛围差、竞训条件差等，这些将会减弱其吸引力，从而影响到学生足球运动员对足球竞技的追求。同样，学生足球参与者群体自身吸引力不足，例如规模小、机制不完善等，也会影响到学生足球运动员群体的融入，使两个群体趋向分离。

第三节　校园足球人口发展流图

一、普及人口发展的流图

依据校园足球普及人口系统发展的建模思路，在其发展要素因果关系基础上，构建了其发展流图，如图 7-7 所示。该图更为细化地展现了该系统的发展路径，构建了各变量的量化定义以及它们之间明确的函数关系。在推动校园足球普及人口系统发展进程中，涉及一些状态变量、决策变量、辅助变量和常量的作用，它们之间以特定的函数关系联系在一起，展现了该系统量化发展的路径。

三个状态变量为校园足球普及人口环境的支持度、学生足球参与者群体的需求满足度以及普及人口的状态，也被称为存量，是三个不同层面核心状态的体现，表征着系统的主要特征。伴随着这三个核心状态的是六个决策变量，也称之为流量，分别是三对提高度和降低度，它们间差值体现了上述三个核心状态的量化变化。由于本模型是校园足球普及系统的发展模型。所以，各辅助变量都构建于提高度决策变量之下，降低度决策变量仅仅是对核心状态随时间自然衰减的一种体现。

辅助变量及相互间关系刻画了三个核心状态变化的脉络。处于底层的校园足球普及人口环境支持度提高量取决于三个辅助变量的变化，分别是校园足球活动、管理、文化三个状态变量的变化，并受到校园足球提高人口状态的影响，这与随后三个章节内上述三个方面发展建模有所对接。P(校园足球普及人口环境支持度提高量)$=\alpha_1\times$(校园足球活动状态)$+\alpha_2\times$(校园足球管理状态)$+\alpha_3\times$(校园足球文化状态)$+\alpha_4\times$(普及人口状态)，α 为权重系数，$\sum\alpha_1=1$。

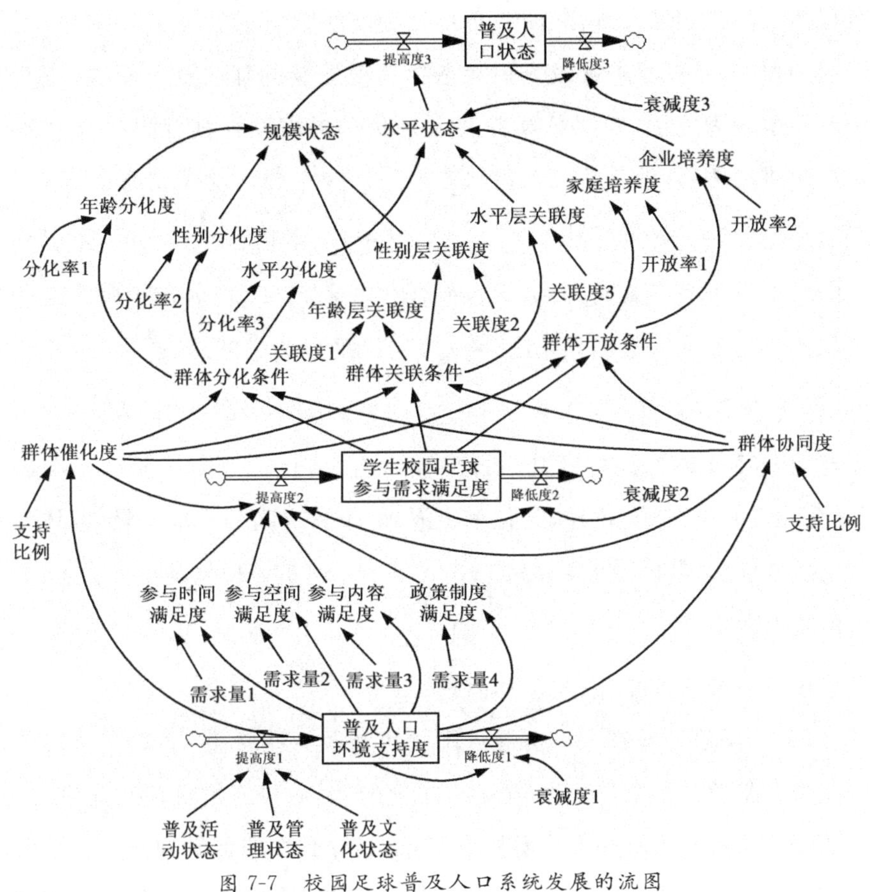

图 7-7　校园足球普及人口系统发展的流图

学生足球参与者需求满足度提高取决于 10 个辅助变量及它们之间函数关系，处于中间层。这 10 个辅助变量分别是参与时间、参与空间、参与内容、政策制度满足度，以及影响这些满足度的需求量，后者在一定程度上受到校园足球普及系统内催化以及协同因素的作用。该提高度 $=\beta_1\times$(参与时间满足度)$+\beta_2\times$(参与空间满足度)$+\beta_3\times$(参与内容满足度)$+\beta_4\times$(参与形式满足度)$+\beta_4\times$(群体催化度)$+\beta_5\times$(群体协同度)，β 为权重系数，$\sum\beta_i=1$。其中，各项满足度受到其需求量和普及人口环境支持度作用，即各项满足度 $=\gamma_i\times$(环境支持度)/需求量 i，γ 为各方面支持度的分配系数，$\sum\gamma_i=1$。各方面需求量每隔 12 个月增加一个单位量。此外，该群体催化因子和协同因子的取值为[$-1,1$]，体现出其正、负反馈效应的影响。

在顶层中，校园足球普及人口状态提高度涉及的辅助变量较多，相互间影响脉络也较为复杂。校园足球普及人口状态提高度与其规模提高和水平提高两个维度关联，即其普及人口状态提高度 χ_1 =×（规模提高度）+ χ_2 ×（水平提高度），χ 为权重系数，$\sum\chi_i = 1$。其中，规模状态 $= \delta_1 \times$（年龄层分化度）$+ \delta_2 \times$（年龄层关联度）$+ \delta_3 \times$（性别层分化度）$+ \delta_4 \times$（性别层关联度）；水平状态 $= \varepsilon_1 \times$（水平层分化度）$+ \varepsilon_2 \times$（水平层关联度）$+ \varepsilon_3 \times$（企业培养度）$+ \varepsilon_4 \times$（家庭培养度）；$\sum\delta_i = 1$，$\sum\varepsilon_i = 1$。此外，各分化度、关联度、培养度均与对应系统内部条件及其发挥作用率有关，例如，年龄分化度 $= \varphi_i \times$（群体分化度）×（分化率 1），分化率每隔 12 个月提高一个单位量，群体分化度 $= \varphi_1 \times [\eta_1 \times$（群体需求满足度）$] + \varphi_2 \times [\tau_1 \times$（群体催化度）$] + \varphi_3 \times [\kappa_1 \times$（群体协同度）$]$，$\sum\varphi_i = 1$，$\sum\eta_i = 1$，$\sum\tau_i = 1$，$\sum\kappa_i = 1$。其他各分化度、各关联度与开放度的量化，与上述同理。

最后，校园足球普及人口发展流图中还涉及一些常量，例如三个衰减率和一个群体催化度与协同度环境支持的分配比例。由于资源消耗是常态，三个状态变量随着时间推移都会有所衰退，这是综合性的常量。此外，由于资源总量控制，校园足球普及人口环境对该群体催化度和协同度支持会存在分配问题，需要设置一个比例，使一边支持多时，对另一边支持会相应变少。

二、提高人口发展的流图

校园足球提高人口系统与普及系统内主体人群存在较大差异，一个是学生足球参与者群体，另一个是学生足球运动员群体。然而，这两个系统运行内在结构存在极大相似度。所以，两者发展流图结构基本相同，各变量和常量具体赋值有差异，在一些相互关系拟合中也会存在差异，从而形成一个能够展现校园足球提高人口发展脉络的量化模型（见图 7-8）。

在该系统模型中，三个状态变量分别为提高人口发展环境支撑度、学生

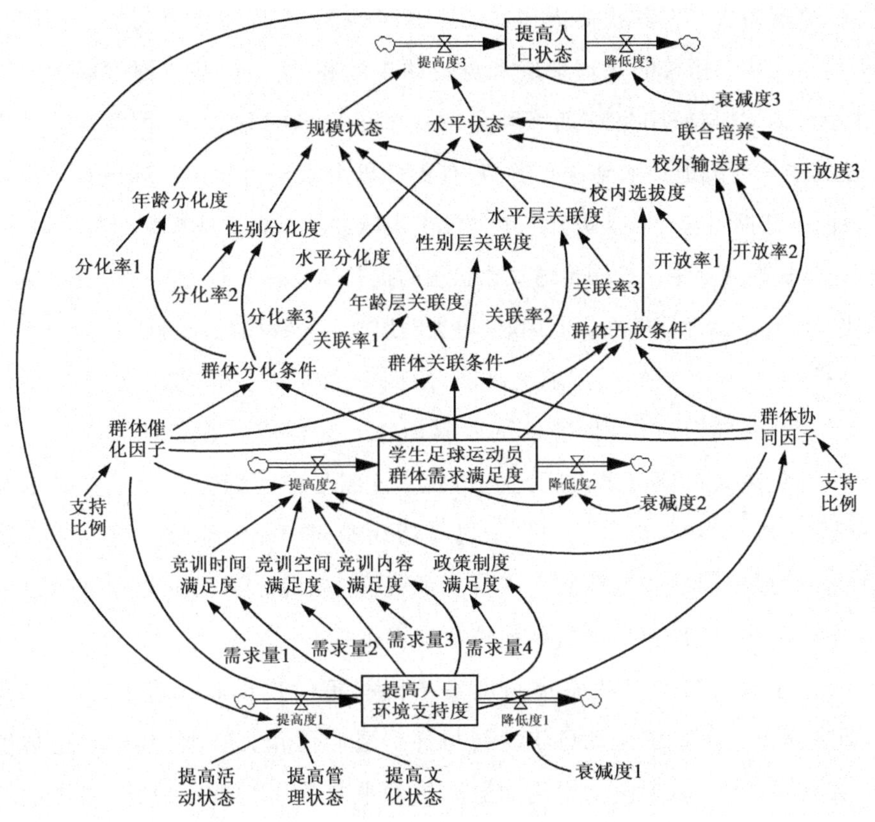

图 7-8　校园足球提高人口系统的发展流图

足球运动员群体需求满足度以及校园足球提高人口状态，分别对应三对决策变量的提高度与降低度。这三个状态变量体现了该系统发展的核心框架，分别代表整个系统模型底层、中间层和顶层的状态。校园足球提高人口环境支持度体现了该系统的支撑状态，是整个系统演化的基础；其充足与否直接影响该群体需求满足度，后者是整个系统演化的核心推动力；其大小很大程度上决定着该群体状态的变化，是整个系统发展的落脚点。相对于普及人口发展系统模型来说，此系统模型中三种状态发展程度相对较高，资源供给相对多些，学生足球运动员内在需求满足度相对高些，学生足球运动员即便还是偏少，也具有一定的保有量，这个与长期受到重视有关系。

该系统模型中，校园足球提高人口环境支撑提高度由权重各异的提高活动、管理以及文化状态构成，受到校园足球提高人口状态的影响。其中，校园足球提高活动状态对其提高人口状态支持度较高，相应权重会高些。校园足球提高活动状态指校园足球训练和竞赛的规模和品质，这些方面发展为学生足球参与者，参与校园足球训练和竞赛提供了更多的时间、空间以及活动内容，使其能够更多地接触到这些活动，有更多机会成长为学生足球运动员。此外，校园足球提高管理状态提升能够使学生足球参与者更好地被组织起来，投入校园足球提高活动中。校园足球文化状态的提升则能感染到更多学生足球爱好者，使校园足球运动能够融入其内心，更主动地投入至校园足球活动中来。

学生足球运动员群体需求提高度，由四个竞训需求度、学生足球运动员催化效应和协同效应作用，按权重后累加在一起构成。各竞训需求度由其需求量和提高人口环境供给度比值构成。校园足球竞训参与需求涉及参与时间、空间以及内容，以及校园足球提高活动参与的政策制度。这些方面供给的提升，或校园足球政策制度支持度的提升，在满足学生足球运动员这方面需求过程中，使校园足球提高系统状态得以提升。

校园足球提高人口状态提高度由不同权重的规模状态和水平状态构成，前者又由学生足球运动员年龄层与性别层分化和关联度，其校内选拔度按一定比例构成，后者由学生足球运动员水平层分化和关联，校外输送度以及联合培养度按一定比例构成。然而，这些分别由学生足球运动员群体催化度、协同度以及需求满足度按一定的分配比重构成。

二、普及与提高协调发展的流图

校园足球普及和提高系统的协调发展依靠这两系统间相互联系的完善程度。只有这两系统能够有机地结合在一起，形成协调发展的共同体，才能使校园足球系统保持着活力，发挥着应有的功能，各自形成良好的发展势态。从图 7-9 中可见，校园足球普及和提高协调发展系统流图主要是架构了其普及与提高系统间中介组织形态，即高水平学生足球参与者群体发展。由此，该系统除了包含普及与提高两大子系统的各变量外，还包括一些特有的状态变量、辅助变量和常量，这些从一个视角展示了这两大系统间协调发展的运行机制。

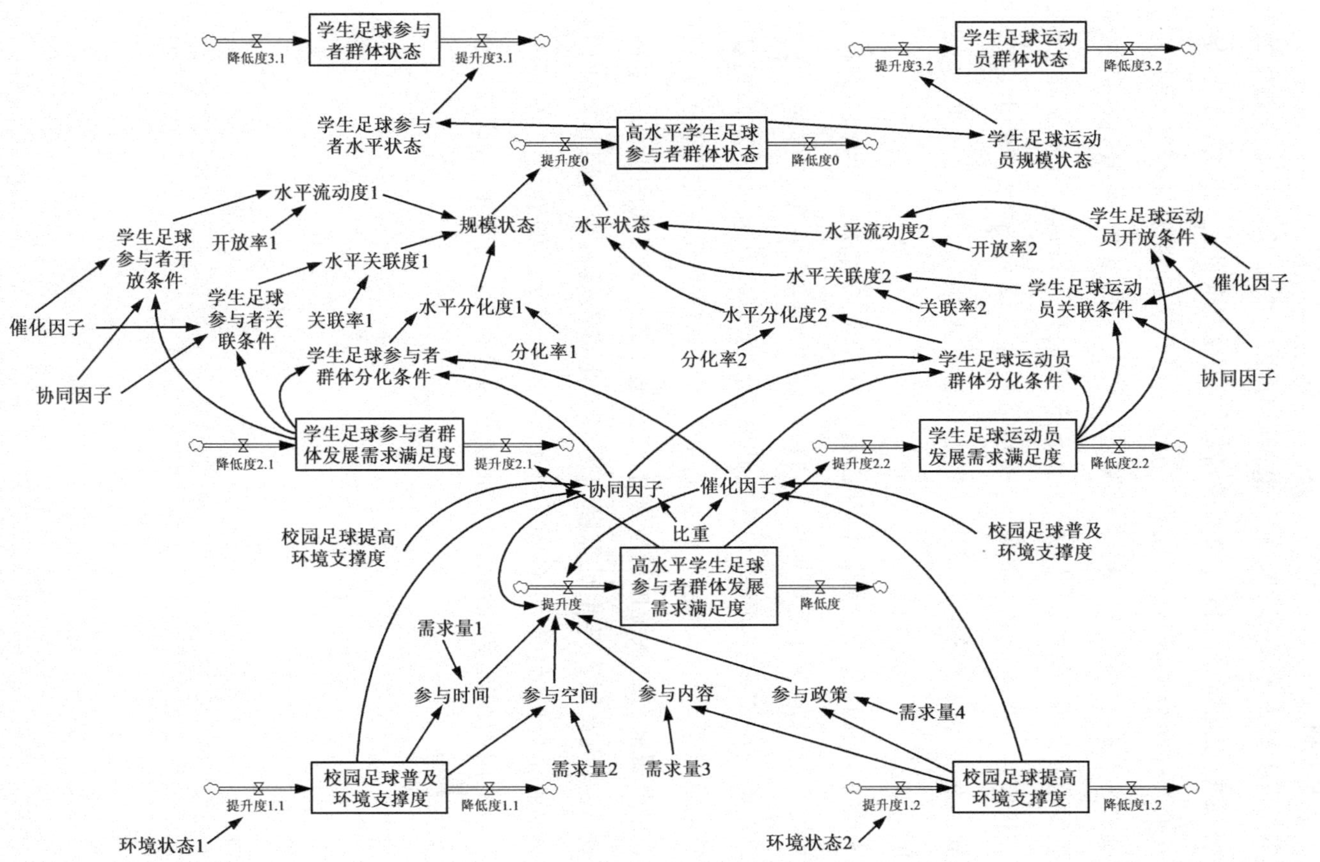

图7-9 校园足球普及与提高人口系统的协调发展流图

高水平足球参与者群体状态的变化是其中一个核心变量状态。高水平足球参与者群体状态的强弱影响着校园足球学生参与者向学生运动员的流动情况,是搭建这两个群体间联系的桥梁。这种中介状态,提供了校园足球人口发展的一个合适区域,一般的学生足球参与者能够发展到与学生足球运动员水平差距没那么大。由于校园足球普及人口基数大,其发展将推动高水平学生足球参与者规模扩张,而校园足球提高人口运动水平较高,其发展将促进高水平学生足球参与者运动水平提升。反之,高水平学生足球参与者群体发展将拉动学生足球参与者群体运动水平状态增长,也能扩展学生足球运动员群体的规模。

该状态变量的提升主要源自其规模扩展和水平提升。正如上所述,其规模扩展与校园足球普及系统内不同运动水平的学生足球参与者的分化、联系以及流动密切相关,而其水平提升与校园足球提高系统内不同运动水平的学生足球运动员群体这些属性变化有关。这些属性变化不仅受到校园足球普及与提高各自系统内相应群体需求满足度以及协同和催化因素的改变影响,还受到高层次学生足球参与度者满足度及其相应协同和催化因素影响。前者主要包括校园足球俱乐部数量、水平和交流的满足度,即现有量与需求量之间的绝对差。这些俱乐部状态的变化取决于校园足球普及和提高环境的支持度。

第八章　校园足球活动发展的系统动力学分析

导读

本章采用系统动力学分析方法，探讨了校园足球活动系统发展。针对校园足球普及活动系统、提高活动系统、“普及与提高活动”系统间状态的发展，分析了各校园足球活动系统中校园足球教育教学活动、竞训活动以及这些活动间分化度、非衡性以及非线性等内在条件，教师足球教育教学、教练运训竞赛指导、教练足球教育教学需求满足度的影响，足球教育教学活动效益、足球竞训效益、评优评奖等协同因子的作用，校园足球课程层间、课内课外间、校内外间等催化因子的作用，以及受到外界环境的影响。

第一节　校园足球活动发展建模思路

一、校园足球教学发展建模思路

加强足球活动的设计、策划、组织，有利于解决校园足球开展的校本困境（杨建民，2018）。在自组织系统理论框架下，校园足球教学系统发展受到众多因素影响。如图 8-1 所示，该系统核心状态的改变源自其系统内部条件

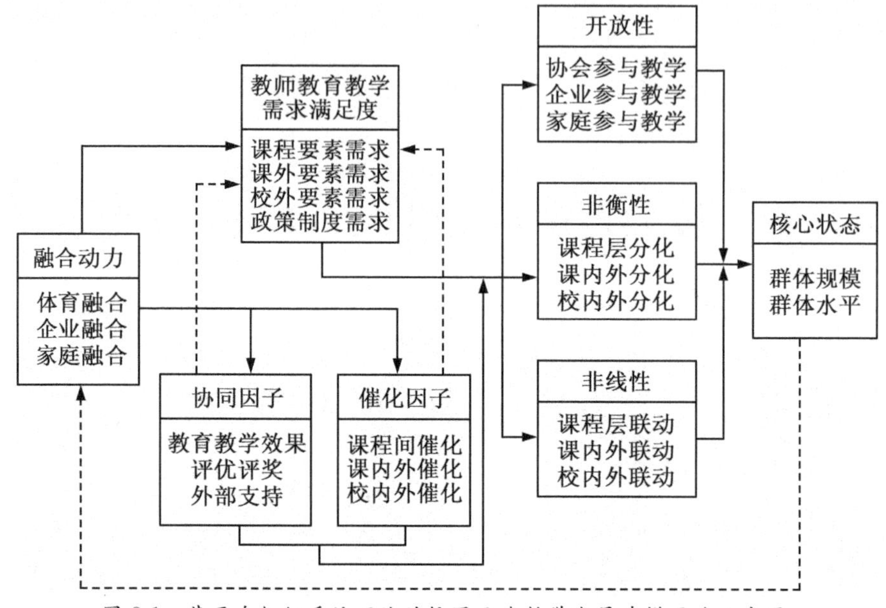

图 8-1 基于自组织系统理论的校园足球教学发展建模思路示意图

的变化。同样，这些系统内部条件涉及其非平衡性、非线性和开放性。该系统的非平衡性主要表现在校园足球课程的分化、课外活动的分化以及校外活动的分化，这些校园足球教学活动分化意味着其层次、类型、形式的区分度更高（杨建民，2018），多样性越明显。这些校园足球教学活动元素在不断分化的过程中，还需时刻保持着相互间联动关系，这些关系使它们间日益扩大的功能又能整合在一起，形成更强的系统功能。可见，校园足球课程间、课程与课外间、课外与校外间形成有机的功能共同体，而非割裂的个体行为，是系统得以演化发展的重要条件。该系统的开放性体现在外界体育系统、相关企业系统、家庭系统与校园足球教学系统间物质、能量、信息、技术等的交流。这些系统以各种形式参与到校园足球的教学中，同时在参与过程中也有所收益，不断滋生着该系统内生动力的增长。

由图 8-1 可知，校园足球教育教学系统内部条件的变化，受到教学主导人员对从事该活动需求的满足度影响，同时，也受到系统内部协同因子和催化因子的作用（称之为教学协同与催化因子）。校园足球教学活动的主导者指足球教师，他（她）们对此方面的需求有所差异，当前来说主要涉及对校园足球教学活动开展要素需求，对课外活动开展要素的需求，对活动有序开展的政策制度需求，对通过参与活动寻求自身发展的需求。此外，教学协同因子包括围绕教育教学效果、评优评奖、外部支持等展开竞争与合作，教学催化因子包括课程间催化、课内外催化、校内外催化等方面。这些校园足球教育教学影响因子，一方面能够提升校园足球教学需求的满足度，另一方面，能促进该系统内部条件的演化。教育与体育、企业、家庭的融合，是推动校园足球教学需求满足度增长和教学因子发挥作用的有力支撑。

二、校园足球竞训体系发展建模思路

如图8-2所示，校园足球竞训系统的演化受到自组织系统有关因素的影响。该系统的核心状态由竞训规模和竞训质量来表示。校园足球竞训规模指竞赛和训练的频次，其质量是指这些竞赛和训练活动开展的水准。这两个核心状态变量随着其系统内部条件的变化而变化。该系统内核心要素包括各级各类竞赛和各水平训练，其系统非平衡性、非线性两个内部条件与这些元素改变有关，前者包括各级各类竞赛和各水平训练的分化，后者则包括这两者各自不同阶层或类型间联系，这使校园足球竞训系统在子系统扩张的同时，保持着整体功能扩大的状态。在外界系统中，相关体校、协会以及企业参与到校园足球竞训系统中的程度，体现了该系统的开放性，也决定着该系统的演化。

影响着该系统内部条件演化的校园足球竞训需求满足度主要包括对竞训成就的需求、保障的需求、生源的需求以及输送的需求的满足程度，其中保障需求中主要是指对竞训经费、教练和裁判等人员、竞训场所和制度等需求，这些需求满足较大程度上决定着校园足球竞训系统的扩张。同样，校园足球竞赛系统演化与其协同和催化因子作用存在密切关系。竞训协同因子涉及教练员和学生运动员等群体在竞赛成绩或优质生源或学业晋升等方面展开竞争与协同；竞训催化因子则是在各水平训练间、各级各类竞赛间以及训练与竞赛间形成循环回路，从而形成整体功能放大效应。对于这两个方

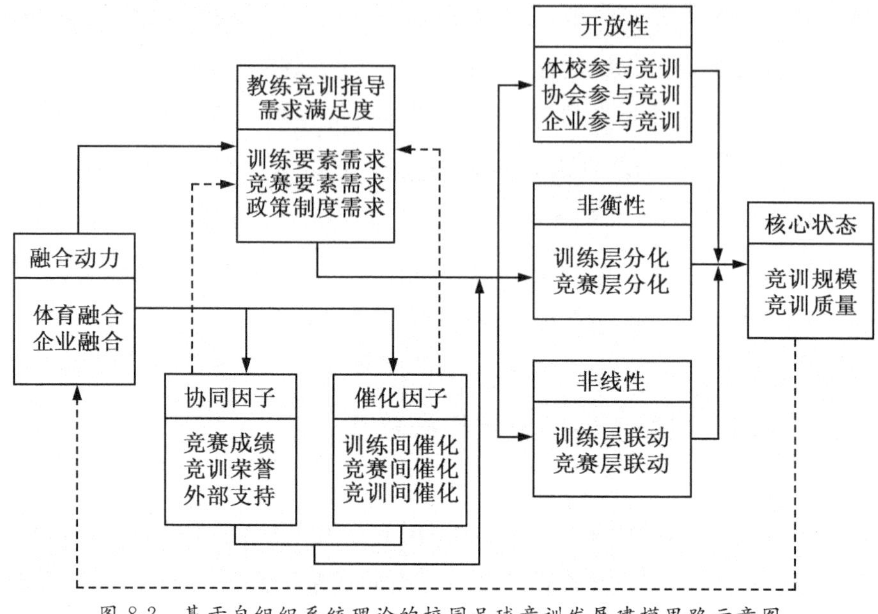

图 8-2 基于自组织系统理论的校园足球竞训发展建模思路示意图

面建设，将为校园足球竞训系统发展提供相对自主化的演化动力。这方面建设的开展则需要依托教育与相关体育、企业、家庭的融合所提供的更多人力、物力、财力等资源。

三、校园足球教学与竞训体系协调发展建模思路

校园足球教学和竞训系统协调发展的推进，关键在于对建设这两个子系统间系统网络，强化把这两者整合在一起的内生动力，使其形成一个有机统一体。目前，这两个校园足球子系统间缺乏联系的状态是影响它们协调发展的一个重要原因。

如图 8-3 所示，这两者间协调发展的核心状态是融合的规模及质量，前者指校园足球教学与竞训体系对接面，后者是指对接后带来的整体效益。这两个核心状态指标的增长主要与该协调发展系统的开放性和非线性的演化有密切关联。外部体育系统、企业系统和家庭系统介入到两者间融合中来，形成广泛的能量与物质间交流，这是活跃校园足球教学竞训协调发展系

统的重要条件。此外,校园足球教学和竞训系统间在足球课程、课外足球活动、课余足球训练以及足球竞赛间所形成的关联度,是推动校园足球教学竞训协调发展系统演进的关键条件。

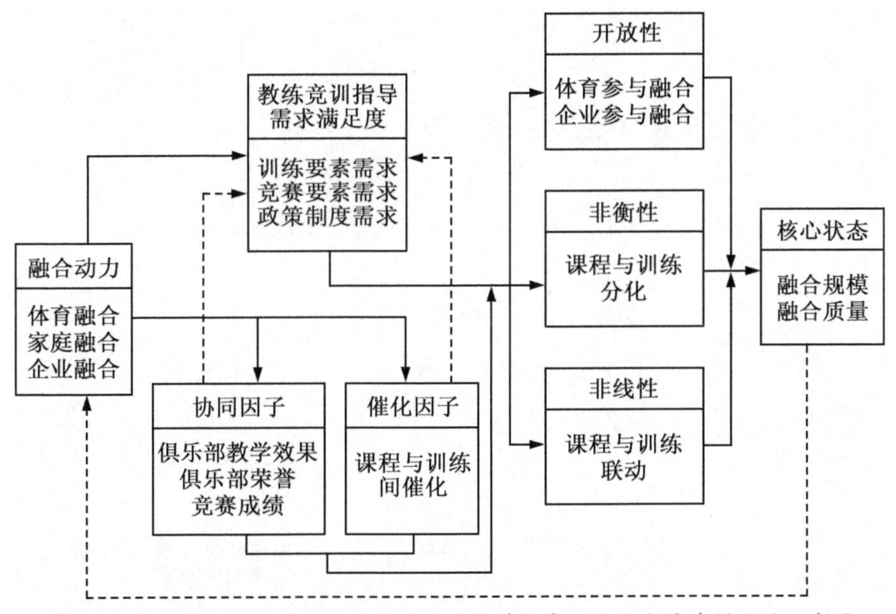

图 8-3 基于自组织系统理论的校园足球教学与竞训协调发展建模思路示意图

校园足球教学和竞训协调发展系统内在条件的演变受到两者融合需求满足度、融合协同与催化因子的影响。这两子系统协调发展过程中,足球课程教师与学生、课余足球训练教练与学生运动员等群体对两者融合需求满足度将会发挥重要作用,主要涉及对活动共建、人员互融、资源共享等需求。在教训融合协同因子中涉及围绕自我发展、荣誉成就、参训参赛机会等展开的竞争与合作,在教训融合催化因子中涉及课程与训练间、课外与竞赛间、校外与竞赛间催化关系。同样,校园足球教学和竞训协调发展系统的推动力增长离不开所支撑环境的发展。

第二节 校园足球普及与提高活动发展的因果关系

一、校园足球教学发展因果关系

如图 8-4 所示，校园足球教学活动状态发展存在以下循环回路。

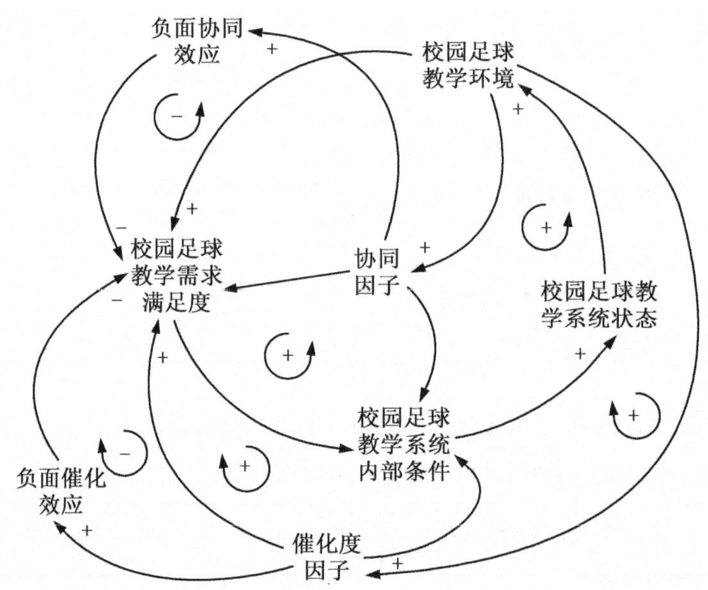

图 8-4 校园足球教育教学活动状态发展的因果关系图

从其发展因果关系图中可见，校园足球教学活动状态发展受到多个自组织因素影响，可通过 7 条循环回路来推动校园足球教学活动状态发展。在这些循环回路中，从校园足球教学活动状态变化开始，再到其新的变化结束，使其在循环中不断改变。

循环 1：校园足球教学系统状态→校园足球教学环境→校园足球教学需求满足度→校园足球教学系统内部条件→校园足球教学系统状态。循环 1 体现了校园足球教学系统状态通过激发校园足球教学需求满足度后的自我提升循环回路，是一条正循环回路。校园足球教学系统状态提升意味着其对学校以及其他利益相关方的收益提升，从而将会增加对校园足球教学的投入，进而提升教师和学生等人员对教学需求满足度，引起校园足球教学体系开放化、差异化、协同化发展，实现该系统状态的自我提升。在这个过程中，保持校园足球教学环境投入主体多元化极为重要，这样可以在一定程度上确保对校园足球教学环境足量、及时以及持续的投入。如果单一依靠教育系统的投入，时常会造成经费不足、场馆改造不及时、缺乏专业技术等局面，需要体育系统、企业系统以及家庭系统多方介入。

循环 2:校园足球教学系统状态→校园足球教学环境→教学协同因子→校园足球教学系统内部条件→校园足球教学系统状态。此循环中侧重体现了通过影响教学协同因子而引起校园足球教学系统状态的自我演变。在教学协同因子的作用下，会引起校园足球教学系统内部条件的改变，进而影响该系统状态的变化。例如，优秀校园足球课程、教师等评比制度的设立，将会引起各学校课程间、各任课教师教学间相互比较、相互竞争、共同提高，从而推动校园足球课程与教师间优劣分明，形成发展势能，使其整体水平不断地提升。在这个方面还存在其他诸多适合竞争与协同的制度有待挖掘，这些都将会有效推动校园足球教学系统规模扩大、质量提升。在教学协同因子的作用下，也能将校园足球教学环境中资源引导至主要教学需求的满足中。

循环 3:校园足球教学系统状态→校园足球教学环境→教学催化度因子→校园足球教学系统内部条件→校园足球教学系统状态。在循环 3 回路中，校园足球教学系统状态的提升依赖于教学催化因子的作用。教学催化因子指那些整合各部分功能的机制等，其作用也正是将更多的部分有机地整合在一起，形成 1＋1＞2 的整体效应。这些机制有不同层级的校园足球课程建设制度、校园足球课内外教学一体化制度及其校内外一体化制度等等，在这些制度下使各教学内容、方法、形式、手段等按不同层级以及时阈分布至各类教学中，按运动技能形成规律等来安排，来获取培养学生足球参与者的优良教学整体效应。这些具有催化效果的制度，能够引起校园足球教学体系内在条件的改变，进而促进其教学体系状态的变化。

循环 4:校园足球教学系统状态→校园足球教学环境→教学协同因子→校园足球教学需求满足度→校园足球教学系统内部条件→校园足球教学系统状态。在此循环回路中,主要体现了通过教学协同因子对校园足球教学需求满足度的调节,进而影响到其教学系统状态的改变。通过教学协同因子的作用,不但能够影响到校园足球教学体系的内部条件,而且能够作用于其教学需求满足度的变化。教学协同因子的作用,能够调节其教学需求,从而影响其教学环境中资源供给的指向,使迫切需求的条件能够得到优先满足,进而推动该系统的演化。通过教学协同因子的作用来反馈调节校园足球教学需求,能提高该系统演化的效率,是一个较为重要循环回路。

循环 5:校园足球教学系统状态→校园足球教学环境→教学催化因子→校园足球教学需求满足度→校园足球教学系统内部条件→校园足球教学系统状态。循环 5 也为正向循环回路,其中教学催化因子将会影响到其教学需求满足度,进而影响到其系统内在条件以及其状态。例如对于校园足球课程体系的建设,当该类课程层次化发展初具效益时,将会拉动有关主体人员对其建设的内在需求,从而会引导其环境资源向这方面流入,进而使这方面课程建设进程更快,所形成的效益更大。在这个过程中,该体系核心状态得以演化。校园足球教学有关主体对能发挥催化作用的制度的需求度提升,是该系统发展的一个重要动力。

循环 6:校园足球教学系统状态→校园足球教学环境→教学协同因子→负面协同效应→校园足球教学需求满足度→校园足球教学系统内部条件→校园足球教学系统状态。校园足球教学系统协同因子对其教学需求满足度的影响不仅仅是正向的,使相应需求增长而导致教学需求满足度下降,发展动力增长;而且存在反向的作用,使相应需求降低而导致教学需求满足度提升,发展动力降低。正如循环 2 中所提到的校园足球精品课程、优秀教师等的评比,能够激发教师更好地从事校园足球教学和改革。但是,如果评比制度不合理,不够公正、公平,或者是评上了也没什么配套机制,这将会抑制校园足球教师更好地开展校园足球改革需求,从而使该系统状态形成萎缩趋势。

循环7:校园足球教学系统状态→校园足球教学环境→教学催化因子→负面催化效应→校园足球教学需求满足度→校园足球教学系统内部条件→校园足球教学系统状态。与校园足球教学协同因子相似,其教学催化因子对其教学需求满足度也存在负面影响,进而造成校园足球教学系统内部条件变差,阻碍其发展。在前面提到的校园足球课程分层化建设中,如果未形成合理的因运动水平提升而晋升的机制,依旧按照随校园足球参与者年级提升而晋升的做法,将会影响高层次的校园足球课程教学效果,导致这个层面的校园足球教学需求下降,使其系统核心状态形成趋向于平静的态势。

二、校园足球竞训发展因果关系

如图8-5所示,校园足球竞训活动状态发展存在以下循环回路。

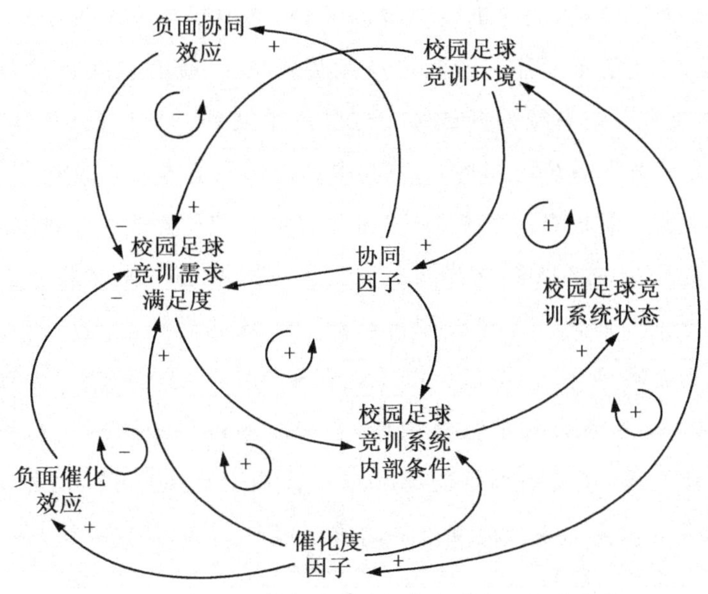

图8-5　校园足球竞训活动状态发展的因果关系图

循环1:校园足球竞训系统状态→校园足球竞训环境→校园足球竞训需求满足度→校园足球竞训系统内部条件→校园足球竞训系统状态。美国心理学家马斯洛认为每个人都具有内在价值,体现为一种类似本能的潜能(基本需要)，而潜能的发挥和实现则依赖于需要的满足。此循环中展现了校园足球竞训需求满足度与校园足球竞训状态的提升之间的因果回路。对于校园足球竞训系统来说，学生足球运动员生源是该系统的一个主要需求，其在较大程度上影响着校园足球竞赛的成绩，关系到教练业绩和单位荣誉。具有合适的生源供给路径，能带动教练员参与训练的激情，扩大学生足球运动员训练规模，提升参与运动竞赛的层次，进而形成扩大校园足球竞训系统状态的趋势。

循环 2：校园足球竞训系统状态→校园足球竞训环境→竞训协同因子→校园足球竞训系统内部条件→校园足球竞训系统状态。校园足球竞训协同因子将会引起该系统内各元素间的竞争与协同，从而推动其核心状态的改变。针对竞赛成绩的竞争，使校园足球竞赛不断分化，呈现出能满足不同水平竞赛要求，提升竞赛体系的非衡性；不同层级校园足球竞赛间协同，能够使校园足球竞训面得以扩大、竞训效果得以提升，拓展了该系统的非线性；外界物质、能量、技术能不断流入校园足球竞赛体系中，使校园足球活动的氛围更为活跃，提升了该系统的开放性。这些由于受到竞训协同因子作用而发展的校园足球竞训系统内部条件，将会推动该体系整体状态的演化。

循环 3：校园足球竞训系统状态→校园足球竞训环境→竞训催化因子→校园足球竞训系统内部条件→校园足球竞训系统状态。循环 3 中主要体现了校园足球竞训催化因子对校园足球竞训系统状态改变的影响。该因子主要表现为竞赛催化、训练催化以及竞赛和训练间催化循环。竞赛和训练催化，意味着竞赛和训练的数量增加，在增添的过程中这些竞赛和训练间将会差异化发展，竞赛与训练间相互推动作用也会越发明显，这些会逐渐推动着校园足球竞训系统内部条件的改变，进而影响到该系统核心状态的演化。

循环 4：校园足球竞训系统状态→校园足球竞训环境→竞训协同因子→校园足球竞训需求满足度→校园足球竞训系统内部条件→校园足球竞训系统状态。校园足球竞训需求满足程度与该体系状态的扩大形成了因果关系回路，体现了该需求满足度所发挥的作用。然而，从另一个视角看，校园足球竞训系统需求也将是影响该系统状态的一个重要因素，如果需求度不高、方向不对，即便很好满足，但对该系统状态的变化影响也不高。竞训协同因子作用，就在于能激起校园足球竞训体系相关主体合适需求的增长，在其不断实现过程中，推动着该体系状态向着更高层次的发展。竞训协同因子可体现在校园足球竞赛的组织上，为各级各类校园足球学生运动队提供同台竞技的舞台，这是引起教练员和学生足球运动员们对运动水平提升需求的一个重要因素，进而影响他(她)们对训练质量的追求，推动校园足球竞训体系的演化。

循环5:校园足球竞训系统状态→校园足球竞训环境→竞训催化因子→校园足球竞训需求满足度→校园足球竞训系统内部条件→校园足球竞训系统状态。校园足球竞训催化因子对竞训需求满足度也会产生一定程度的影响，主要是对竞训需求会产生一定程度的激发作用。在校园足球竞训体系中，随着校园足球竞赛组织量的提升，相应的校园足球训练量也会有相应的提升，这使得校园足球竞训系统内对这些赛事和训练活动的优化需求不断滋生，该系统环境的相关资源也会流向对这些需求的满足。在优化校园足球赛事和训练活动过程中，该系统内部条件得以改变，其核心状态得以演变。

循环6:校园足球竞训系统状态→校园足球竞训环境→竞训协同因子→负面协同效应→校园足球竞训需求满足度→校园足球竞训系统内部条件→校园足球竞训系统状态。该循环回路中，竞训协同因子所形成的负面协同效应，会影响校园足球竞训需求，使其需求只能处于低水平满足状态。正如先前所述，校园足球竞训系统内围绕着竞赛成绩展开的竞争与协同，能推动该系统相关人员这方面需求的增长。如果这方面竞争度不强、协同度不高，反而会使这方面需求得到抑制。例如校园足球竞赛影响力弱、运动队竞技水平差异大、竞赛规程不合理等情况，会使运动成绩协同因子的负面效应扩大，进而影响到校园足球竞训需求满足度的提升。

循环7:校园足球竞训系统状态→校园足球竞训环境→竞训催化因子→负面催化效应→校园足球竞训需求满足度→校园足球竞训系统内部条件→校

园足球竞训系统状态。同样，竞训催化因子也存在类似的负面效应，会影响到校园足球竞训需求的扩张。在校园足球竞赛体系的搭建方面，如果竞赛的层次性不明，其效益未能较好体现，将会淡化对校园足球竞赛优化的需求。在校园足球训练体系拓展过程中，如果都依赖于个别特招的学生足球运动员，未能形成较好的从学生足球参与者群体中选拔的机制，也将会束缚对校园足球训练体系扩展的需求。在校园足球竞赛和训练相互催化中，大量的训练、较少的竞赛机会，都会影响到对这两者相互催化的需求。

三、校园足球教学与竞训体系协调发展因果关系

如图 8-6 所示，校园足球教学和竞训活动协调发展存在以下循环回路。

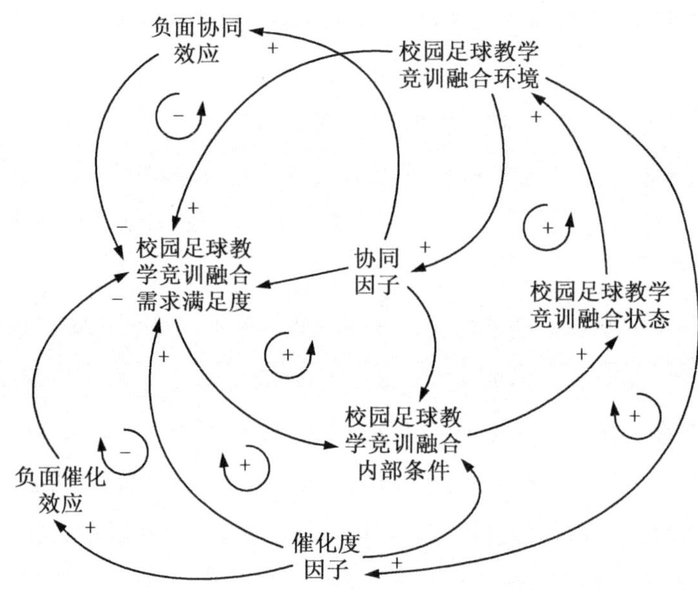

图 8-6　校园足球教学和竞训活动协调发展的因果关系图

循环 1：校园足球教学竞训融合状态→校园足球教学竞训融合环境→校园足球教学竞训融合需求满足度→校园足球教学竞训融合内部条件→校园足球教学竞训融合状态。校园足球教学与竞训的融合状态变化在较高程度上取决于这两者间融合需求。在校园足球课程共建方面，校园足球课程需

要向上延伸，以满足学生足球参与者对足球专业技能、知识以及实战日益增长的需求。然而，在校园足球训练建设方面，也需要向下顺延，以满足构建优质学生运动员储备库的需求。校园足球教练员或是学生足球运动员能够参与至其高层次课程的开设中来，构建与校园足球训练相衔接的课程内容体系，并参与授课过程。这些建设能够使整个校园足球活动体系分化度更高，相互间联动更强，协同效应更深，进而推动校园足球活动系统的演进。除校园足球课程共建方面外，其他也亦如此。

循环 2：校园足球教学竞训融合状态→校园足球教学竞训融合环境→融合协同因子→校园足球教学竞训融合内部条件→校园足球教学竞训融合状态。循环 2 主要展示了在校园足球融合协同因子作用下，推动校园足球教学和竞训体系的融合。两个系统针对提升校园足球活动效果而展开的协同，是两个子系统融合在一起的一个重要方面。校园足球教学活动中注重校园足球课程、课外活动、校外活动的效果，同样在竞训系统中注重训练效果和竞赛成绩。在校园足球教学体系中需要引入较为专业的足球力量，来提升高层次教学活动的教学效果；在校园足球竞训体系中需要以优良的、能衔接校园足球教学活动为基础，使选拔至校园足球竞训系统的学生足球运动员具有较好专业基本功，为提升训练效果形成一个较好的保障。

循环 3：校园足球教学竞训融合状态→校园足球教学竞训融合环境→融合催化因子→校园足球教学竞训融合内部条件→校园足球教学竞训融合状态。在该循环回路中，融合催化因子作用的增强，使校园足球教学竞训融合状态自我发展。像校园足球教学与训练间、课外活动和竞赛间、校外活动与竞赛间融合制度的设置，是将这两个系统融合在一起的重要制度保障，能够起到有效的催化作用。在校园足球教学和训练间构建足球俱乐部活动中，使高水平的学生足球参与者、足球教师与教练、学生足球运动员能够融合在一起，共同参与一些足球训练、竞赛、教学以及其研讨等活动，从而推进两者融合。通过俱乐部活动规模扩大，向上能延伸至校园足球课余训练，向下能顺延至校园足球课程、课外等教学，从而疏通两者间交流。可见，校园足球俱乐部制度的发展是较为重要的，目前多数情况下，只是流于形式。

循环4:校园足球教学竞训融合状态→校园足球教学竞训融合环境→融合协同因子→校园足球教学竞训融合需求满足度→校园足球教学竞训融合内部条件→校园足球教学竞训融合状态。该循环中,校园足球融合协同因子对其教学竞训融合需求增长的影响可体现于在追寻校园足球活动效果过程中,形成了两个系统间的切合点,引发了两个系统内主体人员对寻求对方合作的需求。在这个基础上,加强对校园足球教学与竞训活动融合环境的建设,为这些需求提供必要的条件。在这个方面,目前体制机制缺乏,培育活动力度不大,两系统间契合点探寻的还不够。

循环5:校园足球教学竞训融合状态→校园足球教学竞训融合环境→融合催化因子→校园足球教学竞训融合需求满足度→校园足球教学竞训融合内部条件→校园足球教学竞训融合状态。融合催化因子对教学竞训融合需求的提升有较大程度的影响,是该循环回路中一个主要环节。例如,在先前提到,对于俱乐部活动体系的建设,能够直接推动校园足球活动体系的分化、联动以及整合。此外,更是能够提供让两个系统具有融合的平台,间接地引起两个系统主体人员对融合需求的提升。作为一个具有催化作用的平台,其数量与品质的提升,将会较大程度影响到两个系统融合的内在条件,进而推动校园足球系统的内部融合。

循环6:校园足球教学竞训融合状态→校园足球教学竞训融合环境→融合协同因子→负面协同效应→校园足球教学竞训融合需求满足度→校园足球教学竞训融合内部条件→校园足球教学竞训融合状态。校园足球教学与竞训系统融合协同因子的负面效应,将会抑制这两个系统间需求,进而影响需求满足度所能发挥的效应。在校园足球教学和竞训系统内为达到各自良好活动效果的过程中,会存在一些问题,例如相互融合的活动时间不够充足、活动方式方法欠恰当等,这将影响两者从融合中获取提升活动效果的效益。除此之外,两个系统内人员共用、器材设备共享存在的一些问题,也将会影响两者协同。

循环7:校园足球教学竞训融合状态→校园足球教学竞训融合环境→融合催化因子→负面催化效应→校园足球教学竞训融合需求满足度→校园足球

球教学竞训融合内部条件。校园足球融合催化因子,同样对校园足球教学和竞训融合存在负面影响。例如,校园足球俱乐部活动加快发展,将会在人力、物力、财力和时间上有所投入。如果在规模扩展过程中,未能把握住品质的提升,所形成的培养效益,教学和竞训系统认可度较低,这样不仅消耗了校园足球系统资源,得不到理想的效果,还会影响到对两个系统融合的需求。从中可见,在校园足球俱乐部建设过程中,要数量与质量并举,要重内涵刻画,与校园足球教学和竞训系统形成良好对接,起到催化作用。

第三节　校园足球活动发展的系统流图

一、校园足球教学活动体系发展流图

如图 8-7 所示,校园足球教学状态的系统动力学变化包含三个层面的状态,一是校园足球教学环境状态,二是校园足球教学需求满足状态,三是校园足球教学状态,三个状态依次形成作用回路。校园足球教学环境状态=当前状态值+校企融合贡献值+家校融合贡献值+校体融合贡献值-消耗降低值。校园足球教学需求满足度=当前状态+教学设施满足贡献度+教学经费满足贡献度+教学技术满足贡献度+教学成就满足贡献度-消耗降低值。校园足球教学状态=当前状态+教学规模状态提升贡献度+教学质量状态提升贡献度-消耗降低值。这些状态取值范围为[0,1]。校园足球教学当前状态涉及对当前其教学要素的评估,例如足球教师数量、足球课程设置情况,校外、课外足球活动开展情况等的评估。校园足球教学需求满足度当前状态涉及其主体人员对各种教学元素需求满足程度的评估,如对教学场地设施、教学经费投入、教学技术、教学绩效等方面的需求评估。校园足球教学环境当前状态是指对其物质、人力、财力、信息技术等资源状态的评估。

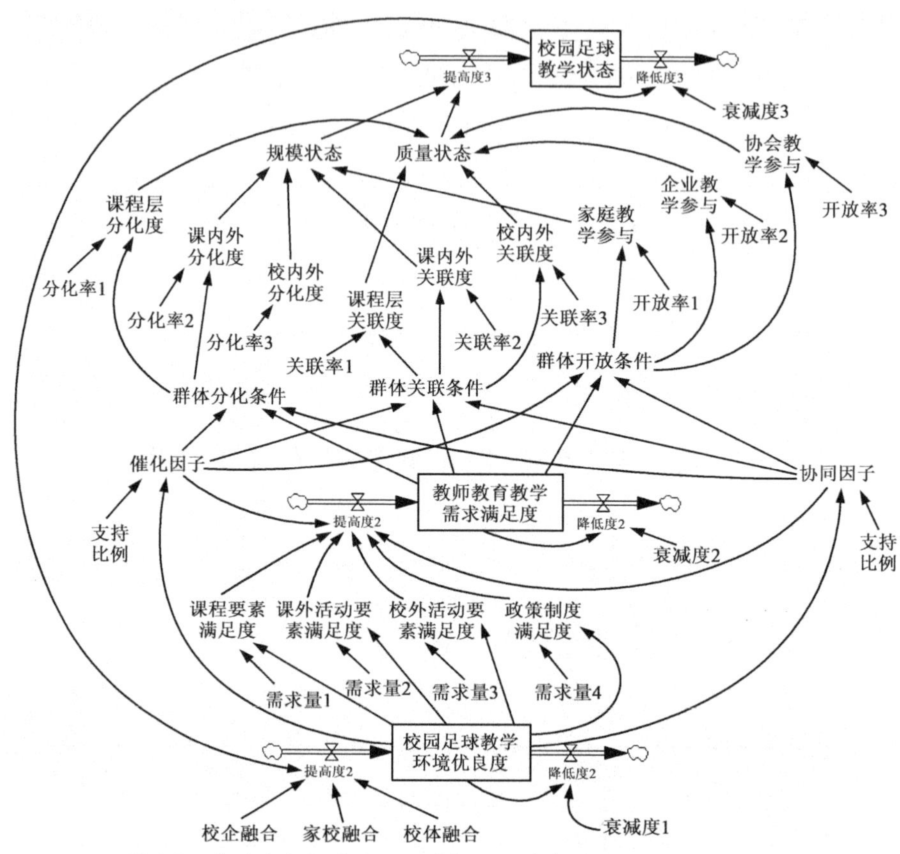

图 8-7 基于自组织系统理论的校园足球教学活动体系发展流图

校园足球教学状态提高主要由其规模扩大和质量提升贡献度两个部分以不同权重组成,这两个贡献度的标准化也在[0,1]之间。校园足球教学规模状态变化主要由课内外分化度、校内外分化度、课内外关联度、校内外关联度以及家庭教学参与度以不同权重构成。校园足球教学质量状态变化主要由课程层分化度、课程层关联度、企业教学参与和协会教学参与以不同权重组成。各校园足球教学系统内相关结构分化由教学结构分化条件与其分化率乘积构成,其关联由教学结构关联条件与其关联率乘积构成,该体系外界力量参与度由教学体系开放条件与其开放率乘积构成。分化率、关联率以及开放率分别是指基于现有非平衡性、非线性和开放性条件各类别教学体系结构或系统外界力量的受影响程度。

校园足球教学系统内非平衡性、非线性以及开放性条件的优劣源自校园足球教学需求满足度、教学协同因子、教学催化因子以不同程度的影响。校园足球提高环境满足度主要由足球课程要素需求、课外足球活动要素需求、校外足球活动要素需求以及相关政策制度需求的满足度构成，每个方面由校园足球支撑环境的供给和需求度构成。此外，校园足球教学需求满足度受到催化因子和协同因子的调节，这些因子作用高，体现出较高层次需求的满足情况，反之则体现出较低层次需求的满足情况。校园足球教学环境的支撑度源自教育系统投入以及由校企、家校、校体融合而增长的影响，源自教育系统投入极大程度上受到校园足球系统状态变化的影响。

二、校园足球竞训体系发展流图

校园足球竞训系统发展的系统动力学流图如图 8-8 所示。构成其发展的主要核心状态变量由校园足球竞训环境支撑状态、其竞训需求满足度状态以及其核心状态构成，同样这三个状态也形成了相互影响的循环回路。这些状态变量的改变都与其自身存量、状态提升量以及消耗的降低量有关，其中，自身存量指的是前一个年度末时的系统状态，消耗降低量指的是系统常规运行消耗导致状态降低。

校园足球竞训系统各状态变量的变化依赖于其提高度。在校园足球竞训系统核心状态中其提高度主要源自竞训活动规模扩张和水平提升，前者主要与训练和竞赛的分化度、各自足球协会和体校参与度提升有关，后者主要与训练、竞赛层、训练和竞赛间关联度、相关企业竞训参与度提升关联密切。此外，竞训系统非衡性条件按一定的比例（分化率）影响着训练、竞赛分化；其非线性条件按一定比例影响着训练层、竞赛层以及训练-竞赛层的关联性；其开放性条件按一定比例（开放率）影响着相关企业、协会以及体校的竞训参与度。校园足球竞训状态的提高度取决于对于校园足球训练要素、竞赛要素以及相关政策制度的需求量以及源自校园足球竞训环境的供给。最后，学校对校园足球竞训投入度、校企与校体融合引起的投入增量，会影

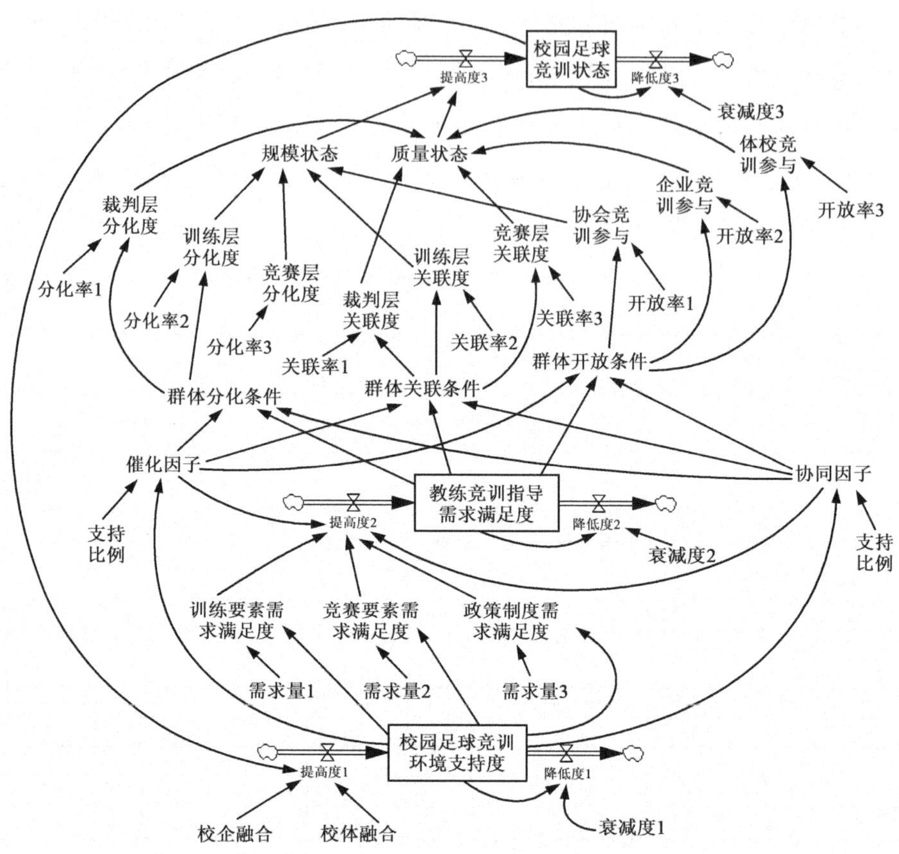

图 8-8 基于自组织系统理论的校园足球竞训体系发展流图

响校园足球竞训环境状态。校园足球竞训协同因子和催化因子按不同比例作用于其三个系统内在条件的提升，会对校园足球竞训需求满足度产生影响力。

三、校园足球教学与竞训体系协调发展流图

校园足球教学与竞训体系协调发展的系统动力学流图如图 8-9 所示。

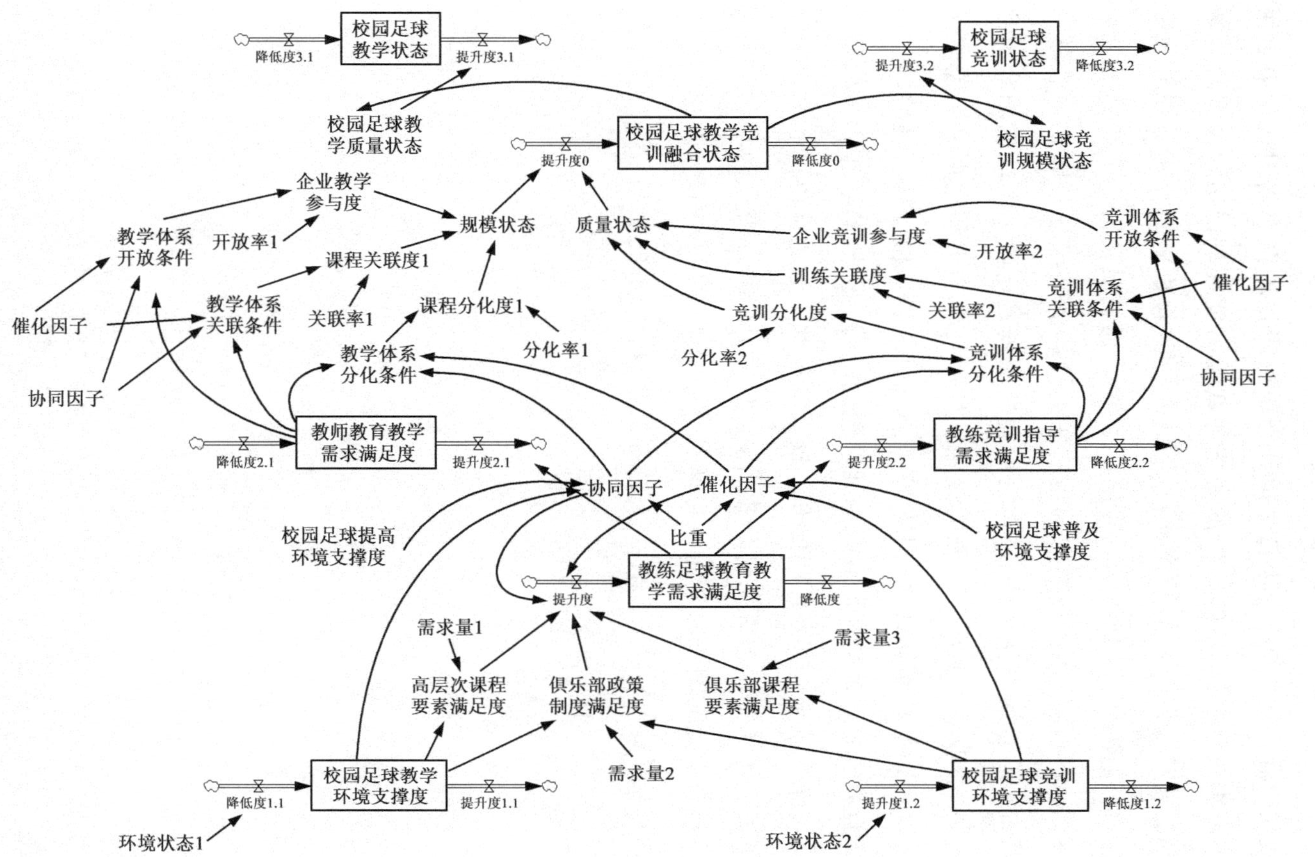

图8-9　基于自组织系统理论的校园足球教学与竞训体系协调发展流图

从图中可见，该协调发展系统通过两个状态变量将校园足球教学和竞训系统结合在一起，这两个状态变量分别为校园足球教学竞训融合需求满足度及其融合状态。同样，它们的变化与其提高度关系密切。校园足球教学竞训融合状态提升度包括数量和质量提升度，其数量提升度主要与课程分化度、课程关联度以及企业教学参与度有关，而其质量提升度与训练分化度、训练关联度以及体校教学参与度有关。课程和训练是校园足球教学和竞训系统中各自的主要活动形式，它们间交融则是这两个系统的融合的突出体现，也能带动其他活动方面的交融。校园足球教学和竞训融合需求满足度提高则是受到课程共建、训练共营、效益共享等因素影响，这些因素的变化源自校园足球教学环境或是竞训环境的支持，此外，其还作用于校园足球教学或竞训系统内部条件的提升。校园足球教学和竞训协同和催化因子则影响着两个子系统内部条件的提升，也作用于其融合需求的增长。最后校园足球教学竞训融合状态将会影响校园足球教学质量提升，以及校园足球竞训规模扩张。

第九章　校园足球文化、管理发展的体系动力学分析

导读

本章采用系统动力学分析方法，探讨了校园足球文化和管理系统发展。针对校园足球文化系统状态的发展，主要分析了各校园足球文化系统中制度文化、精神文化、物质文化间分化度，以及教育、体育、企业文化融入度等内在条件；校园足球文化工作者对该类文化设计、制作、传播以及相关政策制度等需求满足度的影响，文化效益、作品评比、文化交流等协同因子的作用，不同层级文化氛围的催化作用。此外，针对校园足球管理系统状态的发展，主要探讨了各校园足球管理系统中管理事务、管理制度以及管理过程的分化度和关联度，以及教育管理、体育管理、家庭管理的融入度等内在条件；校园足球管理者对决策、计划、组织要素等需求满足度的影响，管理效果、奖励机制等协同因子的作用以及校园足球领导工作小组的催化作用。

第一节　校园足球文化发展

一、校园足球文化发展建模思路

如图 9-1 所示，校园足球文化体系的演化受到自组织系统有关因素的影响。

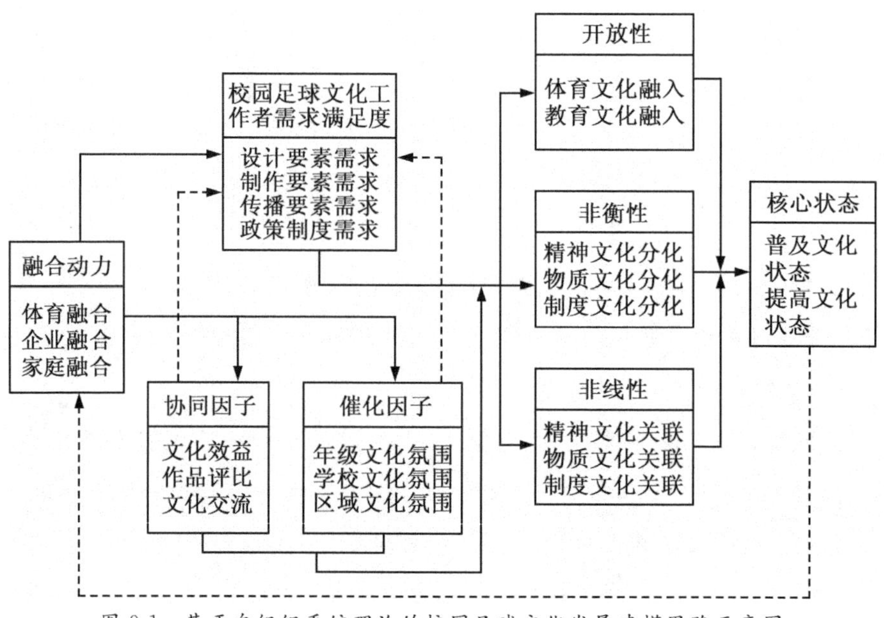

图 9-1　基于自组织系统理论的校园足球文化发展建模思路示意图

该体系的核心状态用普及和提高两类文化状态来表示。校园足球文化普及状态指，针对学生足球参与者所构筑的制度、精神、物质文化；其提高状态是指，针对学生足球参与者所构筑的文化体系。在校园足球文化体系内，这两个核心子状态均包括规模和质量两个维度。这两个核心状态变量随着其体系内部条件变化而变化。该体系核心要素包括制度、精神和物质层面的文化。该体系非平衡性、非线性两个内部条件的变化，主要体现在这些元素改变上，前者包括校园足球制度、精神以及物质分化的分化，后者则与不断分化的核心要素间形成紧密联系。这使校园足球文化体系在子体系扩张的同时,依旧保持着扩大整体功能的状态。在外界体系中,体校、协会、企业、家庭在校园足球文化体系建设中的参与程度,体现了该体系的开放性,也决定着该体系的演化。

影响着该体系内部条件演化的是校园足球文化建设者需求满足度,主要包括对其设计要素需求、制作要素需求、传播要素需求以及文化政策制度需求的满足程度。其中,校园足球文化政策制度需求主要是指对校园足球文化设计、制作以及传播等活动开展的制度建设需求。这些需求满足较大程度上决定着校园足球文化体系运行或演化的有序进行。同样,校园足球文化体系演化与其协同和催化因子作用存在密切关系。文化协同因子涉及管理者、教师(教练)和学生足球参与者(学生运动员)等参与校园足球文化建设的群体,在文化效益或作品(活动)评优评奖或文化交流等方面,开展竞争或协同。文化催化因子则是在各级各层校园足球文化建设中形成循环回路,例如校园足球班级、年级、学校以及区域文化间相互关联。对这两个方面的建设,将为校园足球文化建设提供自主化的演化动力。其开展则需要依托教育与相关体育、企业、家庭的融合所提供的更多人力、物力、财力等资源。

二、校园足球文化发展因果关系图

如图 9-2 所示,校园足球文化活动状态发展存在以下循环回路。

循环 1:校园足球文化体系状态→校园足球文化环境支撑→校园足球文化建设者需求满足度→校园足球文化体系内部条件→校园足球文化体系状态。此循环中展现了校园足球文化建设者需求满足度与校园足球文化体系状态的提升之间的因果回路。就校园足球文化体系来说,其政策制定与实施,其制度的搭建与落实,是开展该体系建设的一个主要需求,在较大程度上影响着校园足球文化活动、产品等的形成、发展,以及影响着其影响力的发挥。这些文化体系建设和运行的政策可涉及校园足球文化活动开展的引

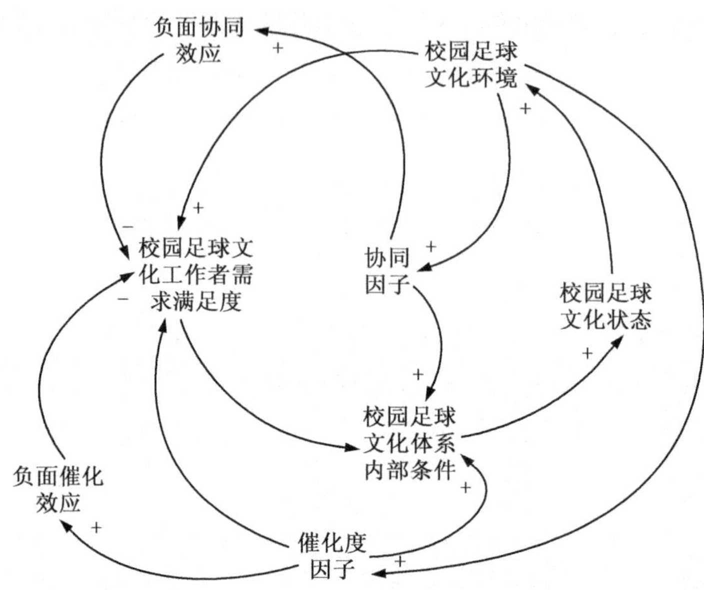

图 9-2　校园足球文化体系发展的因果关系图

领、激励、保障等政策，以及其各层面文化规模、氛围、影响力的评估制度等。这些将会较大程度上影响到校园足球文化体系建设的规模与质量。

循环 2：校园足球文化体系状态→校园足球文化环境支持→文化协同因子→校园足球文化体系内部条件→校园足球文化体系状态。该循环主要突出了文化协同因子建设，对校园足球文化体系状态变化的正面影响。校园足球文化协同因子的作用将会引起该体系内各元素间的竞争与协同，从而影响其文化体系不断分化与整合，进而提升其核心状态的改变。例如，不同区域针对校园足球文化元素的作用效果间协同，可使校园足球文化品质形成差异化发展，呈现出一批优良的校园足球文化示范学校、区域等，提升该体系的非衡性。不同人群间针对校园足球文化元素创作间协同，能够使各层面文化体系规模得以提升，并能形成多样化形态，以满足不同层面文化感染需求，提升该体系整体影响力。此外，与校园文化、体育文化，甚至企业文化形成对接，能够将外界物质、能量、技术引入校园足球文化体系建设中，使校园足球文化氛围更为活跃，提升该体系的开放性。

循环 3：校园足球文化体系状态→校园足球文化环境支持→文化催化因

子→校园足球文化体系内部条件→校园足球文化体系状态。循环3主要体现了校园足球文化催化因子对其体系状态改变的影响。从图中可见，该因子的作用，主要表现为年级校园足球文化氛围、学校文化氛围以及区域文化氛围。在这些校园足球文化氛围催化下，依据在这些中观、宏观层面的校园文化架构（例如其建设目标、原则、内容、措施、保障等），带动着内部各单元（班级、年级、校园），开展着各类文化要素的运行和建设。这些都逐渐推动着校园足球文化体系内部条件的改变，进而影响到该体系核心状态的演化。

循环4：校园足球文化体系状态→校园足球文化环境支持→文化协同因子→校园足球文化工作者需求满足度→校园足球文化体系内部条件→校园足球文化体系状态。正如前面所述，校园足球文化工作者的需求满足度，与该体系状态的扩大，具有一定的因果关系。然而，从另一个视角看，校园足球文化工作者需求的高低，也是影响该体系状态的一个重要因素，如果需求度不高、方向不对，即便很好满足，对该体系状态的变化影响也甚小。在文化协同因子作用下，在一定程度上能激起该需求的增长，在其不断满足过程中，推动着该体系状态向着更高层次的发展。文化协同因子在这方面的反馈调节作用，可体现在校园足球文化体系状态的评比上，为各级各类校园足球文化建设效果、各种文化作品的品质构建一个相互比较的舞台，这是引起教师、教练、管理人员、学生等，对校园足球文化要素提升的需求，进而推动他（她）们对校园足球文化质量的追求，推动该体系的演进。

循环5：校园足球文化体系状态→校园足球文化环境支撑→文化催化因子→校园足球文化工作者需求满足度→校园足球文化体系内部条件→校园足球文化体系状态。同样，校园足球文化催化因子，对校园足球文化工作者需求满足度，也会产生一定程度的影响，也是通过对该群体需求的激发发挥作用。在校园足球文化体系中，校园足球文化中观、宏观层面设计的加强，使得相关人员感受到，对校园足球单元文化建设的紧迫需求。这使得校园足球文化体系内对这些文化活动的组织、文化产品的制作、文化规范的制定的需求不断提升，该体系环境的相关资源也得到相应的优化配置。在此过程中，该体系内部条件得以改变，其核心状态得以演变。

循环 6:校园足球文化体系状态→校园足球文化环境支持→文化协同因子→负面协同效应→校园足球文化工作者需求满足度→校园足球文化体系内部条件→校园足球文化体系状态。该循环回路中,文化协同因子所形成的负面协同效应,将会抑制校园足球文化工作者需求,有时其需求也只能处于低水平满足状态。正如先前所述,在校园足球文化体系内,围绕着各类评优评奖展开的竞争与协同,能推动该体系相关人员这方面需求的增长。如果由于这方面竞争度受到重视程度不高,对优劣区分的奖惩制度不得当,或者是由于评选规则欠妥当,推选出来的优秀示范,形成了一定的负面示范效应,这些将会使这方面需求得到抑制。

循环 7:校园足球文化体系状态→校园足球文化环境支持→文化催化因子→负面催化效应→校园足球文化需求满足度→校园足球文化体系内部条件→校园足球文化体系状态。同样,文化催化因子也会产生类似的负面效应,影响校园足球文化工作人员需求的扩张。例如,在各层校园足球文化氛围营造过程中,要把握校园足球文化的内涵,切实能够引导校园足球发展,但是也存在所营造的校园足球文化氛围不被认同,导致其对校园足球参与者或运动员的影响力低,甚至形成一些不恰当的认识的可能,这将会约束校园足球文化工作者内在需求提升,更是能影响到对其的满足度。例如,对课间足球啦啦操活动的开展具有不同的认同感(毛振明等,2018),认为这类活动开展偏离了校园足球活动的内在属性特征,对现有的校园足球文化状态品质有所制约。

三、校园足球文化发展流图

基于先前的校园足球文化体系发展的因果关系图,进一步搭建了其体系动力学。如图 9-3 所示,该体系演化涉及三个状态变量的变化,分别是处于最底层的校园足球文化环境支持度状态、中间层的校园足球文化工作者需求满足度状态以及顶层的校园足球文化状态。这三个状态变量,处于动态变化之中,相互间形成了有力的支撑关系。校园足球文化环境支持度,影响着其文化工作者需求满足度，该需求满足度影响着校园足球文化状态，其状态改变所引起的社会经济效益，又会反作用于校园足球文化环境支持度。这些状态的改变则取决于其提升度和降低度间的差值。

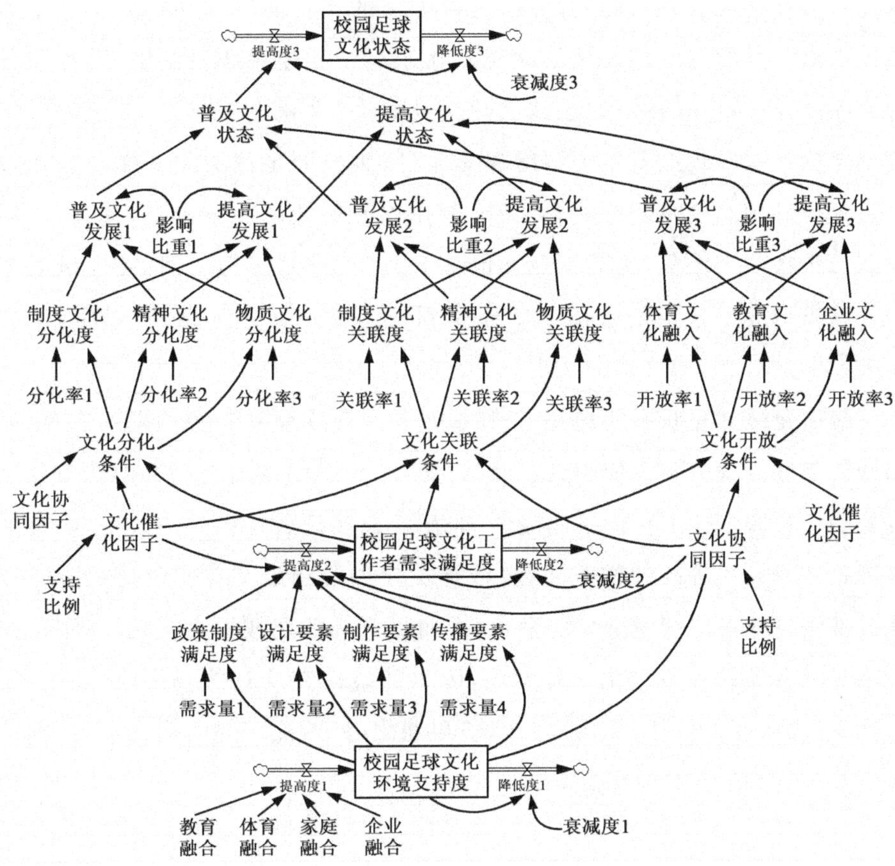

图 9-3　基于自组织系统理论的校园足球文化体系发展的体系动力学流图

校园足球文化环境支撑状态提升，源自教育系统内校园文化的融入、体育系统内足球竞技文化的融入，以及企业系统内足球产业文化的融入。教育系统内校园文化融入是当前推动其发展的主要途径，该系统基于校园文化建设，融入衬托健康足球、快乐足球、团结协作与勇于拼搏精神等足球育人文化的建设；体育系统内足球竞技文化融入主要体现在，融入衬托精英足球、锦标足球、勇立潮头精神等足球专业文化的建设；企业系统足球产业文化主要体现在，融入衬托大众足球、经济足球、开拓创新精神等足球社会文化的建设。依托这三大关联系统，所提供的足球育人、专业以及社会文化氛围，将是扩大、提升校园足球文化体系的重要途径。

校园足球文化工作者需求满足度，包括其政策制度、设计要素、制作要素以及传播要素等方面的满足度，这些方面的增长能够推动校园足球工作者需求满意度的提升。校园足球文化体系运行和建设政策制度，可涉及其保障激励等政策，以及校园足球文化活动开展、文化设施建设、文化规范制定等制度。这些政策支持和制度保障条件，为校园足球文化工作及其建设开展提供基础。校园足球文化设计、制作以及传播相关要素指，其设计、制作以及传播的工作量，相关专业才能提升，相关技术与方法，相关人员数量与经费支持等。这些需求满足度还受到校园足球文化催化和协同因子的调节。

校园足球文化状态的提升，与其普及与提高文化状态协调发展有关，而后两者都涉及规模和质量两大方面指标。该体系的发展受到其内在条件改变影响。校园足球文化体系非线性、非衡性以及开放性条件的改变，将推动校园足球普及或提高的物质文化、精神文化以及制度文化的分化、关联，以及外部关联体系中相应文化的融入，进而提升其普及或提高文化体系状态。校园足球普及和提高文化状态发展，因内部条件有针对性变化而异，用"影响比重"来体现。此外，文化协同因子和催化因子，按不同影响比重，影响着校园足球管理体系各种内在条件。

第二节　校园足球管理发展分析

一、校园足球管理发展建模思路

校园足球人口的增长、校园足球活动开展，以及校园足球文化建设，离不开对其的管理。同样，校园足球普及和提高协调发展也离不开对这两者统筹管理。从系统科学角度看，校园足球管理体系的演化，离不开各种系统动力的作用。

如图 9-4 所示，推动校园足球普及和提高管理两大核心状态发展的动力，源自其管理体系内部条件的提升，涉及其非线性、非衡性和开放性。这些系统属性的演进，较大程度上受到校园足球管理者需求满足度的影响，以及受到管理协同因素和催化因子的调节作用。校园足球管理需求满足度，以及管理协同和催化因子作用的提升，均离不开校园足球管理环境的支撑，该支撑发展主要源自教育体系投入、与体育与企业体系融合所引起的增长。耿家先等(2017)研究显示，社会支持提升，可通过校园足球教师使命感提升，从而促进校园足球教师职业认同发展。其中，主观支持和支持利用度，既能影响到校园足球教师使命感，又能影响到其职业认同度，然而，客观支持则影响到其职业的认同。

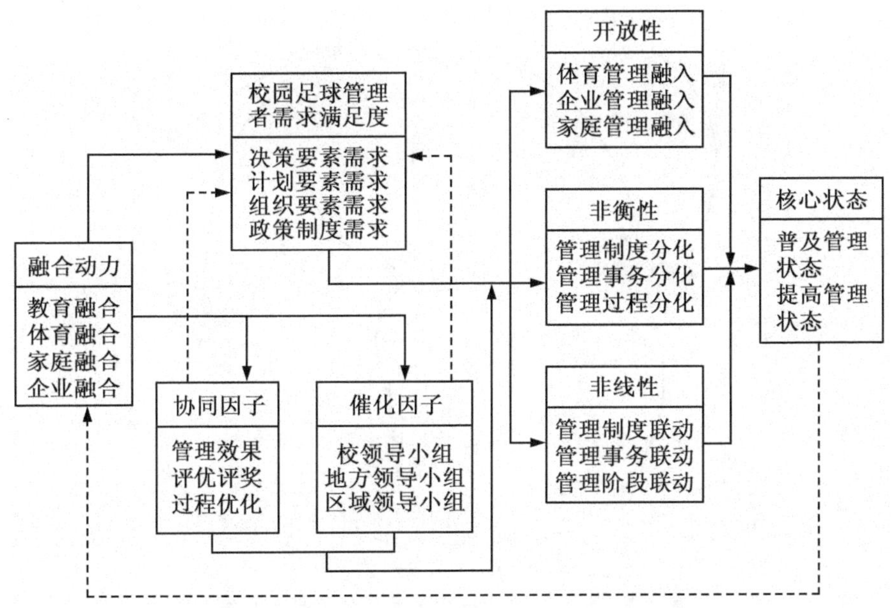

图 9-4　基于自组织系统理论的校园足球管理发展建模思路示意图

由于校园足球管理体系规模相对较小，其核心状态可表示为普及管理状态和提高管理状态。在其非衡性属性特征中，主要涉及校园足球管理制度、事务以及过程的分化；在其非线性属性中，主要涉及这些分化制度、事务以及阶段间的紧密联系;在其开放性属性中,主要涉及体育、企业等体系融入管理中来。对于校园足球管理体系来说,管理制度越是全,管理事务越是广泛,管理过程越是缜密,其功能越是优化。影响这些系统内在条件的校园足球管理需求满足度,涉及管理决策、计划、组织要素,以及政策制度等需求。除此之外,影响这些体系内在条件的校园足球协同因子主要涉及管理实务收益、管理过程优化以及管理成本控制等方面竞争与协同;其催化因子主要涉及各级校园足球领导小组的作用,对区域来说,涉及省、市、地校园足球领导工作小组。

二、校园足球管理发展因果关系图

如图 9-5 所示,校园足球管理状态发展存在以下循环回路。

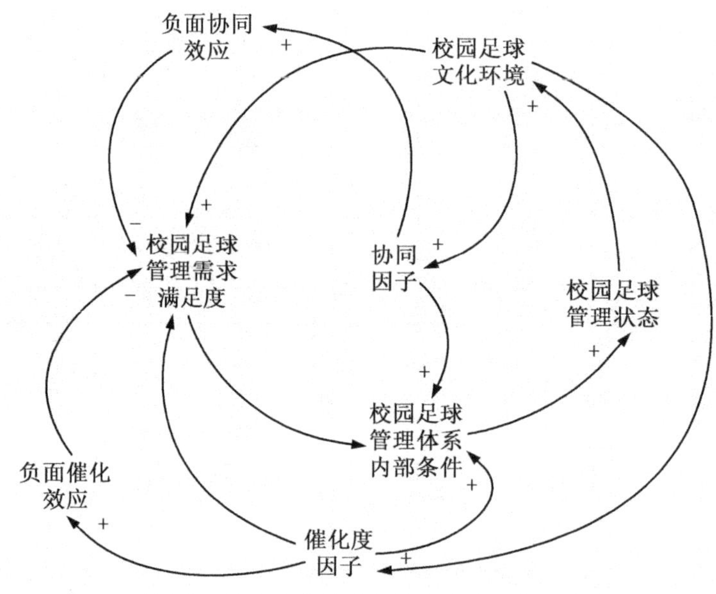

图 9-5 校园足球管理体系发展的因果关系图

循环 1:校园足球管理体系状态→校园足球管理体系环境→校园足球管理体系发展需求满足度→校园足球管理体系内部条件→校园足球普及管理体系状态。校园足球管理需求满足度是推动该体系发展的核心动力。当前，较多情况下，校园足球管理缺失，源自管理政策不到位、管理保障弱、管理机制欠通畅等。校园足球管理政策，例如校园足球竞赛管理政策、校园足球领导小组工作管理政策、特色校园足球学院督查政策等，若这些管理政策到位，可以使校园足球竞赛管理更为细化、有针对性，让赛事变得更为有人气；可以使校园足球领导工作小组工作更为常态化、事务更为全面；可以使得特色校园足球学校能够按照规范有序地展开建设，保质保量地推进各项预定工作。在诸如此类的校园足球管理体系发展需求逐步得到满足的情况下，将会引起校园足球管理事务、过程等分化等。

循环 2：校园足球管理体系状态→校园足球管理体系环境→管理协同因子→校园足球管理体系内部条件→校园足球管理体系状态。校园足球管理体系环境的发展将带动其管理协同因子作用的发挥，进而推动其管理体系状态的演进。对各区域间或是各区域特色足球学校间，针对校园足球管理效益的竞争，将会有力推动该体系的演化。只有在争当这些优秀校园足球示范区或是特色校园足球学校过程中，才能推动该体系新元素的建设、旧元素的淘汰，形成一个较为先进的体系。在校园足球管理效益竞争中不仅仅针对提高管理效益，而且还包含了普及管理效益，这有助于这两个管理子体系间协调发展。当前，对于校园足球普及管理的激励制度还存在欠缺，这方面的发展也相对滞后些。此外，校园足球管理体系各环节间相互紧密协同，使管理过程逐渐分化，从决策、计划、组织和控制等方面展开，实现管理过程的优化，将有力推进校园足球管理体系的演化。

循环 3：校园足球管理体系状态→校园足球管理体系环境→管理催化因子→校园足球管理体系内部条件→校园足球管理体系状态。校园足球管理催化因子涉及各级校园足球领导工作小组工作的开展。作为一个校园足球管理体系中高层机构，具有决定所管范围内校园足球发展方方面面权利，其数量的扩大、功能的完善，将会是校园足球管理体系内部条件提升的一个重要动力。各级各层校园足球领导工作小组能明确各自的职责范畴，把握校园足球体系发展和改革方向，落实好其各阶段发展规划，聚集好各方能推动校园足球发展的力量，这样便能够推动其管理体系各方面的提升。该高层机构对校园足球普及和提高的管理倾向，将会影响到这两者的发展状态。

循环4：校园足球管理体系状态→校园足球管理体系环境→管理协同因子→校园足球管理体系发展需求满足度→校园足球管理体系内部条件→校园足球管理体系状态。针对校园足球管理协同因子作用的培育，将会带动其管理体系发展需求满足度的提升。该体系协同因子的作用，将会使其发展需求得到进一步的激发。例如，各区域或学校在追求校园足球管理绩效的协同与竞争中，为了获取领先优势，将会使管理政策、保障等对管理绩效有直接重要影响的元素需求提升，进而尽力去寻求这方面需求的满足。在加强各校园足球管理工作阶段间协同过程中，就会形成对各级校园足球领导工作小组工作间的沟通协调机制，该小组工作与执行工作和监管工作间对接机制等的建设需求，并且极力去做好这方面的建设。这些校园足球管理体系内部的协同与竞争，使该体系有效需求能够逐步提升，进而引导体系环境的建设，使该体系得以优化升级。

循环5：校园足球管理体系状态→校园足球管理体系环境→管理催化因子→校园足球管理体系发展需求满足度→校园足球管理体系内部条件→校园足球管理体系状态。校园足球管理体系内催化因子的作用也将激发其发展需求，进而引导相应的环境建设。如前所述，校园足球领导小组机构的作用是其管理体系的一个重要催化因子，在该因子影响下，会逐步扩大对该体系的发展需求。例如对校园足球教师和教练等人力资源的管理需求，涉及该类人员的外部招聘、在职培训、工作激励、职称评定等方面的改进，来保障校园足球活动的发展。又如，对增强校园足球普及活动管理技术的需求，涉及校园足球课程、课外足球以及校外足球活动的设置优化，与校园足球提高活动的协调开展，与其他教育、学习活动的紧密配合，等等。

循环6：校园足球管理体系状态→校园足球管理体系环境→管理协同因子→负面协同效应→校园足球管理体系发展需求满足度→校园足球管理体系内部条件→校园足球管理体系状态。在校园足球管理体系协同因子建设过程中，也有可能形成不合理的架构机制，从而使其形成对校园足球管理体系负面的影响作用。在针对校园足球管理绩效的竞争和协同中，有可能所设置的绩效评价量化标准无形之中形成一定的倾向性，致使其管理体系有所偏向，对其发展需求有所抑制。例如，对校园足球提高管理的倾向，对学生足球运动员的输送、高级别校园足球竞赛荣誉、训练场地与设施等予以较高权重，这在一定程度上会降低对校园足球普及管理发展的需求。这些欠合理的校园足球管理体系协同因子作用，将会阻碍该体系的演化。

循环 7：校园足球管理体系状态→校园足球管理体系环境→管理催化因子→负面催化效应→校园足球管理体系发展需求满足度→校园足球管理体系内部条件→校园足球管理体系状态。校园足球管理体系催化因子的作用过偏，也将会抑制校园足球管理体系发展的需求。例如，扩大对校园足球管理工作执行队伍的建设，能够提升校园足球管理执行层面的规模与质量。但是，如果过多地依赖足球教师和教练队伍来担当这个角色，将会抑制对更为专业、独立的管理力量介入的需求，进而影响该管理层面质量的提升。同样，基层校园足球工作领导小组建设过偏，过度注重规模扩展，如果互相间协同配合较弱、整体性欠佳，将会影响校园足球管理体系发展需求的增长。

三、校园足球管理发展流图

基于先前的校园足球管理体系发展的因果关系图，进一步搭建了其体系动力学。如图 9-6 所示，该体系演化涉及三个状态变量的变化，分别是处于最底层的校园足球管理环境支持度状态、中间层的该体系需求满足度状态以及顶层的校园足球管理状态。这些状态均处于动态变化之中，分别会因为校园足球管理新环境资源融入、适宜的新发展需求增长以及普及（提高）状态的上升，这些状态变量相应提升；也分别会因为校园足球管理环境运行的资源消耗、其发展需求偏向、普及与提高状态相互抑制等，这些状态变量也相应降低。此外，校园足球管理体系内催化和体系因子对这三个状态变量的涨落具有重要调节作用。

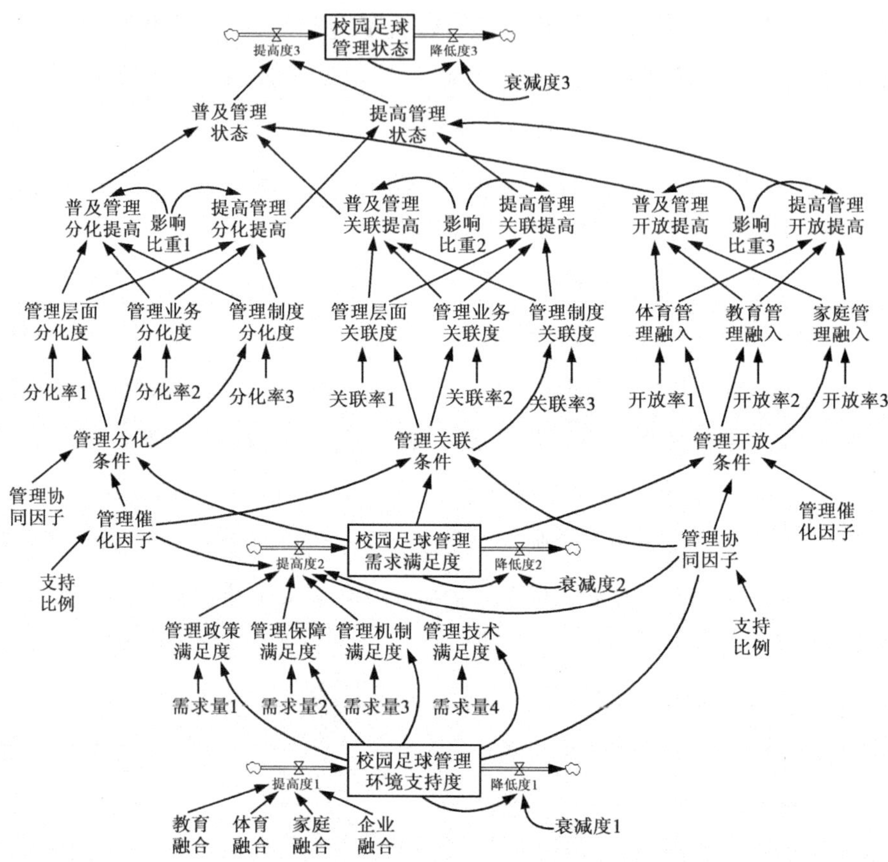

图 9-6　基于自组织系统理论的校园足球管理体系发展的体系动力学流图

校园足球管理体系环境支持度提升源自教育体系的投入、体育体系和企业体系的融入以及家庭体系的参与。教育体系内对该体系的投入是当前推动其发展的主要途径，对其投入主要有足球教师薪酬及其奖励与培训经费投入，校园足球场地设施的建造和改造，教学和训练器材购置，课余或校外校园足球活动开展经费，学生参与校园足球训练的奖励等；体育体系对该体系的投入主要在于校园足球竞赛体系的管理中；企业体系则是可协同教育体系做好师资、课外校园足球活动的管理；协同体育体系可以做好校园足球竞赛的管理；家庭体系则可以协同教育体系做好学生足球参与者或运动员的管理以及校园足球活动的管理。这些体系对校园足球管理的投入源自其状态改变而反馈的管理效益。

校园足球管理体系发展的内在需求提升，源自管理政策、管理保障、管理机制需求满足度增长，以及该体系催化与协同因子的调节作用。管理政策对其发展内在需求增长有显著影响。这些政策有校园足球发展规划、特色足球学校建设规划、校园足球师资队伍建设规划等。校园足球管理保障涉及管理人员、管理经费等保障。校园足球管理机制涉及校园足球领导、决策、执行等层面的工作机制以及相互协调机制。该体系对这些机制的需求则受到其催化和协同因子的调节。

校园足球管理状态的提升，与其普及与提高管理状态协调发展有关，而后两者的发展与校园足球管理体系内在状态改变有关。校园足球管理体系非线性、非衡性以及开放性条件的改变，将推动校园足球普及管理制度、事务、过程的分化、关联，以及外部关联体系的管理的融入，从而提升其普及管理状态。同样，在该体系内在条件改变的情况下，校园足球提高管理要素也会分化、联合，以及融入外部关联体系的力量，从而使自身状态提升。校园足球管理体系内在状态改变，对这方面不同的影响，体现在“影响比重”这个系数中。此外，管理协同因子和催化因子，按不同影响比重，影响着校园足球管理体系各种内在条件。

第十章　浙江校园足球发展分析

导读

基于对校园足球系统发展动力因素分析，以及对校园足球在人口、活动、文化、管理等方面发展的分析，本章梳理了浙江省校园足球的现状。基于对其现状的判断，分析了该系统发展的内部条件，再融入校园足球系统发展的动力因素，主要从校园足球人口、活动、文化、管理等方面着手，分析了浙江省校园足球发展路径。

第一节　浙江校园足球发展现状分析

一、浙江校园足球人口发展现状分析

从全国校园足球特色学校的布局中，可以估计校园足球人口的规模。截至 2018 年，全国校园足球特色学校数量，已经增加至 24126 所。以每所 1000 人估计，保守判断，全国参与校园足球的在校学生，已经达到 2000 万人规模（全国青少年校园足球工作领导小组办公室，2019）。以 2018 年全国青少年校园足球发展报告中，所列出的 32 个省、市、区来平均，各区域平均认定 754 所国家级校园足球特色学校。多数省份还布局了省级校园足球特色学

校。如果再统计这些学校校园足球参与学生，其规模将翻倍。截至同年度，浙江省内所授予的全国校园足球特色学校为666所，以此来统计，其校园足球参与学生达到60万人以上规模。此外，浙江省还认定了610所省级校园足球特色学校。可见，浙江省参与校园足球的学生总体规模，还是低于全国平均水平的。但是，我省全国和全省的校园足球特色学校，分别占全省学校10.5%和18.9%，处于全国领先水平(杨献南等，2019)。

与邻近省份横向比较(见表10-1)，浙江省当前全国青少年足球特色学校数量、年度增长量以及年度增长率偏小。在2017年、2018年，其数量分别比邻近省份最低值低0.40%、0.40%，比邻近省份最高值低4.03%、4.33%。同样，2017至2018年间全国青少年足球特色学校数量增长值与增长率，分别比邻近省份最低值低36所、3.34%，比邻近省份最高值低228所、6.18%。从中显示，浙江省校园足球参与学生规模还有待提升。特别是，离2020年发展目标还有段距离，该目标是争取全省建设1000所校园足球特色学校。此外，2018年度，浙江省每赛季省、市级校园足球联赛的比赛场次达到3000场以上，参赛球队500支以上，参赛人员近5000人，嘉年华参与人数2万人以上(全国青少年校园足球工作领导小组办公室，2019)。这在一定程度上体现了浙江省学生足球运动员规模。在福建省，有900余支参赛球队，近10000名学生运动员，参加了市级校园足球联赛(全国青少年校园足球工作领导小组办公室，2019)。可见，浙江省学生足球运动员群体规模也有待提升。

表10-1　浙江及邻近省份全国青少年足球特色学校数量一览表

地区	年份	全国青少年足球特色学校数量/所	占全国百分比/%	年度增长量/所	年度增长率/%
浙江	2017	567	2.81		
	2018	666	2.76	99	17.46
江苏	2017	1383	6.84		
	2018	1710	7.09	327	23.64

续表

地区	年份	全国青少年足球特色学校数量/所	占全国百分比/%	年度增长量/所	年度增长率/%
安徽	2017	903	4.47		
	2018	1116	4.63	213	23.59
江西	2017	649	3.21		
	2018	784	3.25	135	20.80
福建	2017				
	2018	762	3.16		

注：2017年，全国青少年足球特色学校为20210所；2018年，全国青少年足球特色学校为24126所；数据源自《全国青少年校园足球发展报告（2015—2018年）》。

二、校园足球活动发展现状分析

1.校园足球普及活动

在浙江的小学、初中校园足球特色学校中，足球运动教学是体育课程的必修内容，每周保证1节足球课教学。《浙江省义务教育体育与健康课程指导纲要》提出了足球教学的标准和要求；高中校园足球特色学校，积极推进校园足球特色选修课的建设。自2012年，深化课程改革以来，各校推出兴趣特长类体育课程上万门，其中足球类1243门（全国青少年校园足球工作领导小组办公室，2018）。在有些地区，校园足球普及活动开展得较为广泛。例如，在舟山市普陀区足球特色学校中，每天有1次足球大课间活动，每周有1节足球课，每月有1次足球专项竞赛，每学期有1次校园联赛，每年有1次区级联赛（应菊英，2019）。在个别区域中，尝试将足球考试列入中考体育中。

2.校园足球提高活动

浙江省每赛季省、市级校园足球联赛的比赛场次达到3000场以上。从中可见，浙江省校园足球中高层次的竞赛活动已具规模，从中也反映了其训练活动的规模。此外，通过组建校园足球联盟形式，促进在校园足球竞训方面上的相互交流。这使一些先进理念、科学方法、合理机制，可以在这些联盟内学校中深度推广应用，有助于校园足球竞训活动质量提升。例如，长兴六小与周边的5所学校形成了校园足球发展联盟，由长兴六小提供校园足球训练计划、教案及各年级足球教材，每周派外教和专业教练前往联盟学校培训教师，训练校足球队(赵世堃，2016)。再者，从学生足球运动员群体中，再选拔精英青少年足球运动员后备力量，来建立更高层次的学生足球运动员储备，与我国青训体系对接。通过2016和2017两年，依托校园足球联赛的开展，已经分别选拔160人次、113人次参加全国青少年校园足球夏令营，20余名被选送到国家级的训练营重点考察(全国青少年校园足球工作领导小组办公室，2018)。

3.校园足球师资力量

截至2016年，浙江省中小学共有体育专教师27045名，其中小学13551名、初中7957名、普通高中3885名、中职1652名(全国青少年校园足球工作领导小组办公室，2018)。其中，具有一定数量的足球专业背景的教师。例如，温州市有体育教师4275人、足球"E"级以上专任教练220人，基本实现国家级和省级足球特色学校分别有2～3名与1～2名足球专职教师，其他学校至少有1名足球专项教师或掌握一定足球教学技能的体育教师(应菊英，2019)。再如，杭州市西湖区的体育教师中，89人具有足球教练员资格证书，64人具有裁判员资格证书，61人为专职足球教练，专业队伍不断壮大，且外籍足球教师执教在很多足球特色学校已成为常态(孙永建，2018)。

三、校园足球文化发展现状分析

校园足球人口培育的文化环境是推动校园足球人口增长的重要方面，它可以从精神上激励学生参与足球运动，从认知上启发学生对校园足球的感悟，从感情上激起学生对校园足球参与的依恋。浙江校园足球文化具有一定程度的发展。学生校园足球参与者，不仅仅是参与至校园足球运动中，而且还参与至其他丰富多样的校园足球文化活动中。较多的在校学生，通过参与和校园足球运动有关的啦啦队、解说、摄影、写生、写作、出黑板报等活动来提升个人，或是让他人了解关于校园足球运动的文化价值。

此外，在校园足球特色学校中，充分开发了校园足球育人功能，将足球文化融入了体育课堂以外课程的学习中。浙江各地还积极与当前主流媒体展开合作，通过扩大校园足球赛事报道面，提升其报道时效，让更多的在校学生及家长，能够及时接触校园足球信息。此外，还通过举办青少年校园足球影像展，大力宣传校园足球的发展理念、育人功能、文化风采、经验办法，营造良好氛围，推动社会及地区共同关心支持青少年校园足球活动。

四、校园足球管理发展现状分析

1. 校园足球师资培训

浙江省每年培训校园足球教师、教练员、裁判员共计约200名，来提升他(她)们的业务水平。2016年选派332名校园足球特色学校校长、教师、教练员、裁判员，参加全国青少年校园足球专项培训。此外，采用积极走出去策略，2016年选派12名足球教师，赴英、法留学；2017年，选派14名足球教师，赴国外留学。同时，也注重引进来，2016年，引进5名外籍教练，在杭州、温州、金华地区重点帮教；2017年台州、湖州、义乌、嘉兴地区引进4名外籍教练。

2. 校园足球经费支持

从2013年起，浙江省财政专项用于校园足球活动经费为每年650万元。此外，社会机构提供每年近500万元赞助(全国青少年校园足球工作领导小组办公室，2018)。各布局城市也有配套经费，基本上与省里是2∶1，杭州市、温州市的配套资金超过100万元。这些经费由财政经常性项目经费、教育附加费、体育彩票基金构成，保障了市级校园足球活动的开展。各市、县教育局和学校也分别安排资金，用于保证校园足球的正常开展。

3. 校园足球场地建设

2017年，总投资7850万元的足球场地(笼式足球场)建设项目，被省教育厅纳入教育为民办实事项目。目前，完成笼式足球场建设155个，基本上实现了全省各市、县全覆盖(全国青少年校园足球工作领导小组办公室，2018)。到2020年，预计规划建设完成笼式足球场500个以上，新建、改造各类校园足球场地830个(全国青少年校园足球工作领导小组办公室，2018)。校园足球场地建设资金投入，不仅由省级财政拨款，还有市、县财政投入。2013—2017年期间，义乌市每年投入1000万元对校园足球场地设施进行建设和维修，已建成90多个足球场，90%以上中小学建有5人制及以上足球场1块以上(中国金华门户网站)。再如，苍南县投入1220万元专项经费，建设了149个运动场地，基本满足各县中小学开展基础足球活动的需求(应菊英，2019)。

第二节　浙江校园足球发展内部条件分析

一、校园足球人口发展内部条件分析

1. 学生足球人口年龄分化

经过3年校园足球特色学校的遴选认定，粗略估算出，全国有2000多万学生参与校园足球。但是，在这样的人口基数下，参与校园足球学生，在各年龄段分布，还未达到理想比重。理想的小学、初中以及高中学生校园足球参与者数量比重为6∶3∶1。在小学阶段，该群体规模还欠提升。有报道显示，全国小学校园足球特色学校仅占全国所有小学的7%(杨献南等，2019)。随着年级段提升，学业压力逐年上升，学生校园足球参与程度，将会随之降低。小学学业压力轻，父母也希望子女，通过体育锻炼，提升其健康水平。

在这个阶段，往往能够好好培养学生足球参与兴趣，甚至习惯。到了高年级阶段，面对升学压力、学业负担，学生往往对参与校园足球并非那么积极主动。这个情况在各个市、县、乡镇都普遍存在。在校园足球推广如火如荼之时，校园足球人口的分段失衡问题急需解决，从小培养亦要坚持培养，为初中、高中学生校园足球参与者数量扩大奠定基础。

2.学生足球人口运动水平分化

从前面章节叙述中可见，校园足球人口规模和质量的提升，较大程度上受到学生足球运动员运动水平分化的影响。从数据指标上看，学生足球人口运动水平分化，可体现在高层次足球课程、高级别运动以及参加足球竞赛学生数等方面，这些展现了较高运动水平学生足球人口的界定。2017 年福建校园足球工作总结报道指出，参加校内足球竞赛的校内学生足球队 8449 支，参加人数共 288243 人，其占该省全国校园足球特色学校学生的比重(44%)，体现了校园足球普及人口中运动水平的分化水平。此外，参加校际足球竞赛的有 27003 人、球队 2348 支，其占参加校内足球竞赛人数的比重(9%)，体现了校园足球普及与提高人口间运动水平的分化。还有，参加区域比赛 4137 人、球队 262 支，其占参加校际足球竞赛人数的比重(6%)，体现了校园足球提高人口间运动水平的分化。浙江省省级层面上这方面数据未见有报道。但是，从义乌地区校园足球校内竞赛开展情况来看，学生校园足球人口运动水平分化推进较好。有可能在浙江省省级层面上，还需加强在此方面的推进。

3.学生足球人口性别分化

校园足球人口性别分化，主要体现在该人口群体中不同性别所占比重。如果未考虑学生足球人口性别分化，有可能就会导致单一性别人数占比较高，这将影响到人口基数的扩大。在浙江，学校有足球兴趣小组和俱乐部，小学三年级以上的组建班队，学校组建男、女训练队。可见，在校园足球提高系体中，相对注重兼顾不同性别学生足球运动员，并对其有所要求。但是，这方面的推进力度有所欠缺。例如，在校园足球竞赛中，男子竞赛中参赛球队数量往往多于女子竞赛。在校园足球普及系统中,则未见到有明确提到,对不同性别学生足球参与者规模的要求,或是激励其发展的措施。

二、校园足球活动发展内部条件分析

1.校园足球普及活动体系内部条件分析

从上面的基本情况分析中可见,浙江省校园足球教育教学活动呈现出一定的多样化、层次性的形态。从多样化上看,有校园足球必修课程,特色选修课程,大课间、校内的运动竞赛等课外活动。从层次上看,从课程学习到课外竞赛实践。但是,校园足球教育教学活动间关联度还未明显体现出来。例如,在小学、初中、高中校园足球课程体系间内,及其各阶段不同水平课程间;课外活动与课程教学对接等方面;教学定位、目标、内容和方法等方面的予以逻辑刻画。需要从水平课程开设情况、优质课情况、特色课外活动情况等方面来反映这个方面。

2.校园足球提高活动体系内部条件分析

浙江省校园足球竞训活动具有一定的规模,通过基层校园足球联盟的形式来提升其质量,再在校际足球竞赛中优中选优,体现了一定的分化度和关联度。但是,未明显看到,校园足球竞训体系在开放性方面的指标数据。该指标数据与校园足球竞赛以及训练的活跃度有密切关系。如果在学校足球运动队中队员更替率低,那么校际足球竞赛中前三名经常是相对固定运动队,这些从一定程度上,体现出校园足球开放性较弱,将会影响到校园足球竞赛活动的开展。

三、校园足球文化发展内部条件分析

校园足球文化是以校园足球为载体,通过校园足球活动来体现、感染和传播的各种文化现象,涉及校园足球相关的物质文化、精神文化、制度文化和行为文化总和，涉及其设计、制作以及传播等过程。从所了解的浙江省校园足球文化状态来看，校园足球文化元素已经日益受到重视，并呈现出形式各异的校园足球文化活动。但是，这些文化活动的规模以及品质缺乏数据体现，例如赛事报道的场次、点击率、点评率、传播度等。对这些指标的统计，更能展现出校园足球文化体系的状态，有助于量化的控制和效益评估。

此外，对于校园足球普及与提高文化的分化，似乎尚不清晰。在足球教学、足球竞赛、足球训练等活动过程中，学生若掌握了足球技能，提高了自信心，增强了抗挫折能力，形成了胜不骄败不馁的品质，可以使学生们具备吃苦耐劳的精神和敢抢敢拼的勇气。最为关键的是，培养了学生团结协作、互帮互助的能力。在校园足球运动中，不仅具有普及层面文化，而且还有提高层面文化，用两者交融来推动校园足球普及与提高协调发展。

四、校园足球管理发展内部条件分析

1.足球场地建设欠均衡

足球训练场地的标准化程度及其数量是衡量一个学校对足球运动的重视程度和球队发展规模的具体体现。现在很多中小学并没有标准的400米场地，一般都是200米、300米等，中间的设计也仅加入了几个篮球场地，使得足球活动无法开展。标准的足球场地占地面积大，人工草坪虽然造价低，却容易损坏，且后期修复的成本高。天然草坪造价高，不易受损，但其中投入的人力、物力、财力也是巨大的。对于很多学校来说，这些都是无法达到的。浙江省政府印发的《浙江省人民政府办公厅关于推进足球改革发展的实施意见》(浙政办发〔2017〕49号)中，提出了一系列可考核性的量化指标，其中“2020年全省建有社会标准足球场150个以上，到2025年实现全省90%以上乡镇有简易足球场”这一条，体现了浙江省推动校园足球发展，提高校园足球人口基数，协调校园足球人口地区的差异。

2.校园足球师资配备不均衡

在各地中小学体育教师中，足球专项教师十分少，这在一定程度上阻碍了浙江省足球师资整体水平的提高。虽然在体育教育专业中，足球是一门必修课程，但是这对于具备完整的足球运动技术与技能来说还是远远不够的。在以优质教育资源闻名全国的北京海淀区180多所中小学中，持有足球教练员资格证的体育教师仅有25人。这使得许多体育教师对校园足球心有余而力不足，往往使一些动作示范、讲解技战术、竞赛组织等效果受到影响。

3.校园足球财力投入不均衡

现在中小学的校园足球的经费大部分都只有财政拨款这种单一渠道，远不能满足中小学校园足球开展中设施建设、器材更新、教育教学支出等需要，这使得很多眼前问题一拖再拖。

第三节　浙江校园足球发展路径分析

一、校园足球人口发展路径分析

1.调控基数失衡

虽然校园足球人口得到较大幅度的增长，然而还存在不同年龄层、不同区域间数量失衡等问题，这需要从各方面改革中予以调控。从体制改革上看，需大力推进学校体育中考制度和学生综合素质评价建设，来推动初中和高中体育发展。同样，校园足球能较好地融入至这两方面建设中，将会对初中和高中足球课程及课外活动开展有明显推动作用。针对不同地区间校园足球发展不平衡问题，需要出台一些扶持性政策，在资源分配上有所倾斜。

2.积极对接青训

可以借鉴日本的“网兜理论”来扩大校园足球人口基数。日本的青少年，从13岁起，各个职业队便会前往初中选拔未来之星。没有被选上的孩子也可以进入中学和高中足球队继续足球之路。在学校的足球锦标赛中，一些大器晚成型的球员一样会受到地方职业队的关注，在毕业后进入职业梯队。在中学时期没有踢出来的球员进入大学依然可以加入足球部，等待俱乐部的慧眼识珠。层层筛选过后，日本的足球人才选拔体系不会错过任何一个可造之才。

在我国，有天赋的孩子在小学时便被选拔出来进入少体校。至于其他人，他们只能步入初中、高中、大学，一些大器晚成型的球员只能为了学校的荣誉而战，成为体育特长生。职业球队的目光再也不会投向他们，他们的光芒也随之暗淡。

3. 家校协同支持

开展亲子足球，改变家长观念。很多家长不愿意自己的孩子进行足球锻炼，害怕孩子受伤或者太过劳累，还有在学业压力的影响下，家长希望孩子放弃兴趣，转而主攻学习。这是因为家长们对足球文化并没有深入理解，学校应该让这些家长去接触足球，让他们从心底里认可足球这项运动。如何让家长接触足球，直观可行的办法就是让父母与孩子一起踢足球，还可以进行比赛，感受足球运动带来的身心愉悦。

4. 加大宣传力度

对足球运动的宣传，应该是潜移默化的，要在无形之中渗透在学生们的学习与生活里。将足球相关文件、政策落实到位，让学生及家长们了解，并感受到这些政策带来的“优惠”。应该让足球元素体现在校园的方方面面中，比如在围墙上描绘足球的涂鸦，在公告栏中张贴足球海报，邀请省队或各市队进行表演赛，并邀请感兴趣的家庭前来观看，等等，这些都能起到较好的宣传效果。

二、校园足球活动发展路径分析

1. 激发各方重视

加大对校园足球的重视程度，从校领导、体育教师还有学生方面入手。校领导对校园足球的关注度，会直接影响整个学校的足球风气。学校也需要加大经费的投入，购置体育器材，修护场地，这也离不开校领导等各方的重视。体育教师足球专业水平也需要提高,可对现有师资进行培养,也可以聘请专业的足球教练扩充校园足球师资队伍。学生对足球的热爱程度,会随着校领导重视与专业师资配备、场地优化等原因,得以提升。

2. 加强课程改革

可以对传统体育课程体系进行改进,在合理范围内,提升足球课程的比重。课外,开设足球知识小课堂,普及足球发展历史、基本的技战术等知识。特别是,开设一些能体现自己学校特色的足球课堂,制作成在线精品课程,在浙江省内进行资源共享。加强足球课程与课外足球活动、校园足球活动的整合,最后融为一体,做到取长补短,相互促进。

3. 注重比赛效益

(1)领导重视。当校领导对某件事情有一定倾向性时,学生们就会纷纷参与。若校领导对校园足球联赛的开展表示重视,那么学生也会积极报名参赛或观赛。如果中小学校领导,将校园足球联赛列为每年重要事项,那么学生参与度将会大大提高。(2)家长支持。长期的应试教育下,大部分的家长会担心自己孩子的学业。中小学的孩子们被补习班、辅导班、兴趣班压得喘不过气。家长也不希望将本来就不充裕的时间放在额外的足球训练上。加上现在的中小学生大多都是独生子女,对于足球这样激烈的、有身体碰撞的、极易受伤的运动,家长是望而却步的。(3)注重宣传。校园足球联赛在举办过程中,往往会出现现场没有观众,只有家长、随队队员与工作人员的情况。虽然会在网站上进行宣传,但是媒体报道较少,社会关注度低,往往在一定程度上使学生的兴趣减少。

三、校园足球文化发展路径分析

1. 优化校园足球资源配置,紧抓物质文化建设

为了更好地推进校园足球物质文化建设,首要条件是加强投资校园足球基础设施,扩建或新造足球场地,优化足球师资力量。试想,若每个学校

都有一片足球场地，几位专业足球教师，自然而然就会有更多学生，投入到校园足球活动中，感受其文化的熏陶。建议可以合理使用场地资源，综合运用学校周围的公园绿地、闲置空地等。此外，对于体育教师紧缺问题，可以邀请已退休的体育教师来校指导，或邀请有经验的足球运动员进校授课，增加本校足球教师的数量，提升其质量。还有，无论是校徽、校旗，还是标语和海报等，都可以让学生参与设计，比如举行一个足球校徽设计大赛等活动。

如表 10-2 所示，对于浙江省校园足球物质文化环境的评估，提出 6 项标准，总分 40 分，涉及室外足球场地设施文化、室外其他设施足球文化、室内足球文化等三大方面。

表 10-2　浙江省校园足球物质文化环境评估标准

一级指标	二级指标	评估内容	分值
物质文化环境	室外足球场地设施文化	拥有一片符合中小学规定的足球场地	9
		有代表校园足球文化的校徽，校徽设计要彰显校园足球文化特色，造型生动，寓意丰富，校园内有明显的校徽标识牌，摆放在与学生们生活息息相关的地方	6
		有专门代表校园足球文化的校旗，校旗的设计阳光、活泼、健康，颜色鲜明，富有朝气	5
		在操场内的网上悬挂与足球有关的图片与格言，如 C 罗等球星，或在墙壁上绘制足球运动图案、项目标志，要求生动形象，典雅逼真	5
	室外其他设施足球文化	校园内，摆放有一定数量的足球文化物品，提高与普及兼顾，主题鲜明且丰富，感染力强	8
	室内教室足球文化	在教室内，摆放有一定数量的足球文化物品，与教室其他环境相融合，能体现班级足球队的特色	7

2. 完善足球体制机制，紧抓制度文化建设

校园足球的发展，一方面靠学校领导班子重视，另一方面，也应该在体

制机制上进行改革，加大对校园足球的规范性建设。这需要出台更多的与校园足球相关的制度，使其成为校园足球发展的推动力量。例如，《"快乐足球，激情飞扬"总决赛规程》《"快乐足球，激情飞扬"奖励方案》《校园足球最佳阵容评选方法》，从而营造起校园足球的文化氛围。建议一方面要坚持"以人为本"的发展观，根据青少年身心发展规律，形成较为完善的校园足球活动制度体系，并严格执行；另一方面对于校园足球文化物品的制作、文化宣传、文化活动开展等方面，也需要明确的条文加以规定。这些制度都可以有效推动校园足球文化发展。

如表 10-3 所示，对于浙江省校园足球制度文化环境的评估，提出 4 项标准，总 30 分。一般来说，制度文化主要体现在三个方面，分别是校园足球相关组织、规划以及运行制度。

表 10-3　浙江省校园足球制度文化环境评估标准

一级指标	二级指标	评估内容	分值
制度文化环境	组织	成立校园足球文化建设领导小组，小组成员分工具体，职责明确；建立校长（组长）负总责；分管校长（副组长）具体负责；各职能部门协同配合的校园足球文化建设机制	9
		领导小组每学期召开 1 次及以上校园足球文化建设专题工作会议，安排部署校园足球文化建设工作	8
	规划	将校园足球文化建设纳入学校发展的总体规划，编制校园足球文化建设发展规划，绘制足球校园规划图或效果图，按阶段规划出短期、中期和长期目标	7
	运行	建立良好的运行机制，设立专门的组织部门，对每位老师与学生进行考核，有一定可行的奖惩制度，执行过程有监督、执行情况有公示、执行结果有考核	6

3. 改变足球教学理念，紧抓精神文化建设

校园足球精神文化承载了教师及学生对足球的基本需求，其培养并不是一朝一夕的事情，很多学校都存在急于求成现象。在足球教学理念上，不能生搬硬套一些模范学校的足球课程，要多学习多借鉴，再形成一套符合自

己的，并让学生们能普遍接受的足球教学理念。这样，才能让他们主动热爱足球，感受到足球的魅力，而不是应付了事。学校对校园足球精神文化的发展，要有明确目标。例如，锻炼团结协作能力，培养学生友爱精神、奋斗精神，培养学生坚韧不拔的意志和吃苦耐劳的精神等。

如表 10-4 所示，对于浙江省校园足球精神文化环境的评估，提出 3 项标准，总分 30 分。一般来说，足球精神文化主要可以体现在三方面：团队精神、友爱精神和奋斗精神。

表 10-4　浙江省校园足球精神文化环境评估标准

一级指标	二级指标	评估内容	分值
精神文化环境	团队精神	校队、班队、年级队伍，在参与足球运动、足球训练、足球竞赛等活动中，分工明确，相互协作，形成了以团队评价的制度	10
	友爱精神	校队、班队、年级队伍，定期组织一些帮助足球学习等公益活动	10
	奋斗精神	校队、班队、年级队伍，有明确的奋斗目标，制订有详细的训练、竞赛以及球队建设计划，并付诸实践	10

四、校园足球管理发展路径分析

1. 政策扶持

浙江省成立全省校园足球工作领导小组，出台《浙江省足球中长期发展规划（2016—2050 年）》《浙江省足球场地设施建设规划（2016—2020 年）》《关于推进足球改革发展的意见》等系列政策文件，系统规划了浙江省校园足球发展目标与要求。除了对场地设施和足球规划等方面政策外，还应该出台对足球教师/教练、学生传授或学习足球运动的激励政策方面。利用这些政策，进一步调动教师、家长和学生校园足球参与的积极性。只有政策到位，校园足球发展才有活力，从而推动浙江省校园足球人口的数量稳步上升。

2. 效益监测

2017 年浙江省总投资 7850 万元，完成校园足球场建设 155 个。到 2020 年，计划完成校园足球场地 500 个以上，改造校园足球场地 800 个以上，这对校园足球训练、活动的开展提供了场地的保障。但是，这些投入的效益，有待进一步开发。校园足球场馆设施不仅仅要建得多、建得好，更是需要用得多、用得广。这就需要对这些投入效益进行有效监测，并加强新建场馆设施的使用管理。对于每片场地，均需统计其使用率，均需明确其使用人群或单位，均需有相应责任人监督使用，以免出现校园足球场地资源浪费，久而久之被侵占的现象。

3. 制度建设

制度建设是推动校园足球发展的有力抓手。每周一节足球课，上千门的高中足球选修课，足球教师/教练的校园足球专项培训或赴海外培训等制度建设推进，都在不断提高校园足球的质量和水平。特色学校和试点县(区)是引领校园足球改革发展的排头兵，是校园足球改革发展经验积累生成的试验田，是校园足球加快普及发展的示范典型。该制度对浙江省校园足球发展有重要推动作用。今后，依托全国校园足球特色学校制度，进一步细化、拓展，该类学校在足球教育教学、训练竞赛、师资配备、场地建设、经费投入和安全管理等方面都有针对性的制度。

参考文献

[1] 蔡广,龚正伟,龚波,等.我国校园足球践行四个自信的理路解析[J].体育文化导刊,2018(6):125－129,152.

[2] 蔡伶俐,崔福亮,何为.初中校园足球核心素养评价体系的探究与构建[J].青少年体育,2018(10):61,56.

[3] 曹海燕.构建中小学校园足球区域共同体的初步探索[J].运动,2015(19):7－8.

[4] 曹宏俊.我国校园足球的现实困境与发展路径[J].体育文化导刊,2018(2):115－118.

[5] 曹卫华.职业化改革背景下中日足球发展水平差距审视[J].西安体育学院学报,2013,30(1):52－57.

[6] 曾桂生,李文渊.上海市校园足球隐性课程评价体系理论与实证分析[J].上海体育学院学报,2015,39(4):86－89.

[7] 曾宪宏,蒋秋平.临夏回族自治州中学校园足球活动开展现状调查分析[J].体育世界(学术版),2014(9):128－130.

[8] 常晓冬,鞠秋爽.新形势下校园足球活动发展的思考[J].吉林体育学院学报,2015(2):86－89.

[9] 陈爱国,陈丽萍,颜军.8周足球运动改善留守儿童执行功能的实验研究[J].山东体育学院学报,2017,33(1):85－89.

[10] 陈勃源.洛阳市青少年校园足球文化体制建设研究[J].体育科技,2016,37(5):166－167.

[11] 陈翀,孙科.本源·功利·回归——纵论中国校园足球改革障碍突破策

略[J]. 体育学研究,2018,1(2):86—94.

[12] 陈栋,李博,贺新奇,等."质量特许计划"对英格兰青少年足球的影响及启示[J]. 体育文化导刊,2017(12):82—86.

[13] 陈栋,周红妹,李博,等. 英格兰足球后备人才培养体系解读及启示[J]. 体育文化导刊,2017(8):87—92.

[14] 陈洪,梁斌. 英国青少年校园足球发展的演进及启示[J]. 体育文化导刊,2013(9):111—114.

[15] 陈华,贾珍荣. 全国青少年校园足球活动反思[J]. 体育文化导刊,2012(3):117—120.

[16] 陈佳萍. 近 8 年我国校园足球开展现状研究综述[J]. 青少年体育,2018(10):57—58.

[17] 陈建军. 全局视野下的长三角协调发展机制研究[J]. 人民论坛·学术前沿,2015(18):16—25.

[18] 陈军,李献青. 我国校园足球发展的时代意义和战略构想[J]. 成都体育学院学报,2014,40(7):81—85.

[19] 陈珂琦,谭钢. 我国首套中小学校园足球教材的研究与设计[J]. 课程. 教材. 教法,2015,35(11):91—97.

[20] 陈绍松. 校园足球教练员的素质结构[J]. 黑龙江科学,2014,5(7):121—122.

[21] 陈晓伟. 基于"校园足球"背景探析高校体育教学改革——评《高校足球教学实践研究与理论指导》[J]. 中国教育学刊,2018(3):123.

[22] 陈星潭,康涛. 中国与日本校园足球发展的比较研究[J]. 南京体育学院学报(社会科学版),2017,31(2):70—75.

[23] 程翀,孙亮亮. 当代校园足球发展对我国体育事业的现实价值——基于十九大报告"文化自信"[J]. 广州体育学院学报,2018,38(1):7—10.

[24] 程隆,张忠. 日本足球青训的发展及其启示[J]. 体育文化导刊,2014(7):95—98.

[25] 崔乐泉. 中国校园足球发展的历史考察与经验启示[J]. 上海体育学院

学报,2018,42(4):12—18.

[26] 代方梅,梁忠.校园足球休闲化发展研究[J].体育文化导刊,2013(12):522—523.

[27] 代方梅,梁忠.校园足球休闲化发展研究[J].体育文化导刊,2013(12):90—93.

[28] 戴狄夫,金育强.我国校园足球政策执行的利益辨识与制度规引[J].武汉体育学院学报,2018,52(10):38—43.

[29] 邓贤树,冷显志,黄雅慧.健康中国视域下校园足球课程文化开发与建设路径研究[J].河北体育学院学报,2018,32(6):25—29.

[30] 董海宇,程隆.浙江省青少年校园足球活动开展情况调查研究[J].当代体育科技,2019,9(13):160—161.

[31] 董鹏,程传银,赵富学,等.基于路线图方法的我国校园足球师资培训体系构建[J].体育文化导刊,2018(8):136—141.

[32] 董众鸣,龚波,颜中杰.开展校园足球活动若干问题的探讨[J].上海体育学院学报,2011,35(2):91—94.

[33] 董众鸣,柳志刚.上海市校园足球活动开展现状、存在的问题及建议[J].上海体育学院学报,2015,39(4):90—94.

[34] 董众鸣.上海市校园足球活动发展方式的思考[J].湖北体育科技,2014,33(11):1002—1004.

[35] 杜远良.校园足球运动育人价值的实现路径探索[J].青少年体育,2019(4):57—58.

[36] 段博文.全国青少年校园足球活动发展思考[J].体育科技文献通报,2014,22(10):96—98.

[37] 范云峰.校园足球的有效推进策略[J].体育科技文献通报,2017,25(11):50—52.

[38] 方友忠.抓基础重培养　法国校园足球发展启示[J].校园足球,2015(7):68—70.

[39] 冯晓丽,刘婷.山西省孝义市校园足球政校联动特色发展模式研究[J].

体育文化导刊,2016(6):163—166.
[40] 付海涛.日本校园足球竞赛体制分析及其启示[J].体育文化导刊,2017(1):171—174.
[41] 付宏.基于校园足球视角的基层足球教练员培养分析[J].当代体育科技,2015,5(30):45—48.
[42] 高原,董志强.对法国小学生足球活动开展的思考——2015年校园足球教练员赴法国留学感悟[J].青少年体育,2015(12):8—10.
[43] 高源.校园足球文化建设常态化机制与对策[J].当代体育科技,2016,6(34):130—131.
[44] 高治,郑原,王岗."足球改革"对中国体育发展的启示[J].武汉体育学院学报,2017,51(3):86—93.
[45] 耿家先,吴瑛,孟繁莹,等.校园足球教师职业认同量表的编制与检验[J].教育学术月刊,2017(6):60—66.
[46] 龚波,陶然成,董众鸣.当前我国校园足球若干重大问题探讨[J].上海体育学院学报,2017,41(1):61—67.
[47] 古文东.基于校园足球视角的基层足球教练员培养[J].广州体育学院学报,2013,33(1):124—128.
[48] 顾璇.本期导读[J].中国学校卫生,2017,38(11):1600.
[49] 贵州省贵阳市南明区花果园第三小学.以人化人,静待花开[J].人民教育,2019(11):2—3.
[50] 郭振,乔凤杰,李声民.日本大学足球发展历程及其启示[J].体育学刊,2017,24(1):121—127.
[51] 何澳,关吉臣.中日高中足球赛事关注度研究[J].体育文化导刊,2017(6):162—166.
[52] 何华兴.以校园足球文化推动中小学校园足球可持续发展[J].体育科技文献通报,2017,25(10):47—48.
[53] 何强.校园足球热的冷思考[J].体育学刊,2015,22(2):5—10.
[54] 和永杰.国内外校园足球师资发展的经验与启示[J].当代体育科技,

2016,6(30):125－126.

[55] 贺新奇,刘玉东.我国“校园足球”若干问题再探讨[J].北京体育大学学报,2013,36(11):108－113.

[56] 贺艳红,吴建喜.小学校园足球可持续发展研究[J].当代体育科技,2016,6(32):131－132.

[57] 侯学华,王彬,薛立,等.校园足球核心价值体系构建[J].山东体育科技,2013,35(3):86－91.

[58] 侯学华,徐树礼,褚孝勇,等.校园足球文化模型建构研究[J].体育文化导刊,2014(9):124－127.

[59] 侯学华,薛立,陈亚中,等.校园足球文化内涵研究[J].体育文化导刊,2013(6):107－110.

[60] 侯学华.全国青少年校园足球活动价值研究[J].北京体育大学学报,2012,35(12):77－83.

[61] 侯志涛,陈效科.中德青少年足球培养比较分析[J].体育文化导刊,2014(8):149－152.

[62] 胡聪林,王春荣,郭强.云南省开远市中小学校园足球活动开展现状研究[J].体育文化导刊,2015(7):161－165.

[63] 胡庆山,曾丽娟,朱珈萱,等.校园足球热的审思——兼论中国青少年足球后备人才的培养[J].北京体育大学学报,2016,39(1):126－131.

[64] 胡正明.创建良好校园足球文化[J].中国教育学刊,2012(S2):172－173.

[65] 花楷.体育精神视域下高校足球教学“碎片化”的协同治理[J].体育文化导刊,2018(7):96－100.

[66] 黄德沂,丘乐威,焦峪平.完善我国青少年校园足球培养体系的对策研究[J].体育文化导刊,2014(6):124－127.

[67] 黄山松.校园足球特色示范学校课程体系构建策略研究——以南宁市第一中学为例[J].课程教育研究,2019(17):217－218.

[68] 黄寿军.中、英两国青少年足球运动技能等级评定标准的比较[J].体育学刊,2018,25(1):126－131.

[69] 黄晓灵，夏慈忠，黄菁．不同行政区校园足球开展的对比研究——以川渝小学为例[J]．成都体育学院学报，2018，44(5)：113—119.

[70] 贾珍荣．全国青少年校园足球发展思考[J]．体育文化导刊，2010(12)：57—59.

[71] 姜广义．论校园足球软环境系统建设[J]．沈阳体育学院学报，2017，36(3)：6—12.

[72] 蒋菠，陈秋屹．我国校园足球运动发展的现状分析与改革策略[J]．西南师范大学学报(自然科学版)，2018，43(2)：109—114.

[73] 蒋苏，陈刚．近代华东地区大学足球运动发展研究[J]．体育文化导刊，2017(12)：174—178.

[74] 蒋中伟，刘露，艾志远，等．基于善治理论的我国校园足球治理机制研究[J]．沈阳体育学院学报，2019，38(3)：22—28.

[75] 金好玉．小学校园足球开展现状与对策研究[J]．学周刊，2017(34)：145—146.

[76] 赖春．冰岛足球文化构建及启示[J]．体育文化导刊，2017(10)：202—206.

[77] 蓝海青．跨部门联动构建小学校园足球文化策略研究[J]．体育世界(学术版)，2019(4)：164—165.

[78] 郎健，王长权，王健，等．构建中国学校足球人才培养模式的对策研究[J]．沈阳体育学院学报，2014，33(1)：118—121.

[79] 雷波．优化组合教学法在中小学足球教学中的应用[J]．教学与管理，2012(9)：152—153.

[80] 黎泽宇．“校企合作”模式下中职学校校园足球的推进策略研究[J]．当代体育科技，2019，9(18)：217—219.

[81] 李国民，张新．基于UWB的校园足球运动负荷监测系统开发与应用研究[J]．浙江体育科学，2019，41(3)：101—106.

[82] 李鸿江．以校园足球为突破口带动学校体育综合改革与发展[J]．体育教学，2014，34(12)：1.

[83] 李纪霞，董众鸣，徐仰才，等．我国青少年校园足球活动管理体制创新研

究[J].山东体育学院学报,2012,28(3):99－104.

[84] 李纪霞,何志林,董众鸣,等.全国青少年校园足球活动发展瓶颈及突破策略[J].上海体育学院学报,2012,36(3):83－86.

[85] 李嘉鸿,凌敏.广东省建立高水平足球区域联赛模式的研究[J].广州体育学院学报,2016,36(5):22－25.

[86] 李娟,吴友良."校园足球"背景下小学足球课程的设计研究[J].体育师友,2017,40(5):18－20.

[87] 李军岩,程文广.我国校园足球多中心治理研究[J].体育文化导刊,2017(2):20－24.

[88] 李琳,陈昭宇.意大利U5－U8足球青训营训练教程分析及对中国校园足球教学的启示[J].安徽体育科技,2018,39(6):82－85.

[89] 李玲,方程,黄谦.校园足球活动评价指标体系的构建与应用:以陕西省为例[J].首都体育学院学报,2019,31(1):61－67.

[90] 李玲,方程,黄谦.中小学校园足球工作综合评价指标体系[J].体育学刊,2018,25(3):120－125.

[91] 李梦园,刘洋,王宝庆.乌鲁木齐市初中校园足球研究[J].体育文化导刊,2015(8):148－152.

[92] 李荣秀.足球文化视野下校园足球活动开展的新契机[J].当代体育科技,2014,4(19):161－162.

[93] 李少兰.恒大模式对校园足球运动的发展影响效能分析[J].南京体育学院学报(社会科学版),2017,31(5):125－128.

[94] 李时峰,张龙男.延边大学生校园足球制约因素的研究分析[J].现代交际,2014(8):132.

[95] 李卫东,何志林,董众鸣.青少年校园足球竞赛体系发展模式的构建[J].武汉体育学院学报,2013,47(2):87－92.

[96] 李卫东,何志林.全国青少年校园足球可持续发展思考[J].体育文化导刊,2011(3):106－108.

[97] 李卫东,夏伦,王健.校园足球活动政策的本质内涵、发展目标与推进思

路[J]. 体育文化导刊,2018(2):18－22.
[98] 李卫东. 中日韩学校足球竞赛体系的比较与展望[J]. 北京体育大学学报,2013,36(10):105－110.
[99] 李小伟. 以校园足球为突破口加强学校体育工作——访教育部体育卫生与艺术教育司司长、中国足协副主席王登峰[J]. 体育教学,2014,34(12):8－9.
[100] 李新威,李薇. 我国校园足球的异化现象[J]. 体育学刊,2015,22(5):45－48.
[101] 李秀丽. 校园足球课内外一体化的有效建构[J]. 当代体育科技,2019,9(14):145－146.
[102] 李旭天. 我国校园足球发展理念若干问题的理性思考[J]. 当代体育科技,2015,5(34):76－77.
[103] 李志荣,杨世东. 英、德、法、日四国校园足球后备人才培养特点分析[J]. 体育文化导刊,2018(1):116－121.
[104] 梁斌. 19 世纪英国校园足球兴衰与启示[J]. 体育文化导刊,2018(5):141－146.
[105] 梁斌. 英国校园足球启示:网络路径整合及多元资源配置[J]. 山东体育科技,2014,36(1):105－108.
[106] 梁冰. 从足球热思考制约我国校园足球发展的因素及对策[J]. 体育文化导刊,2017(1):150－153.
[107] 梁桦,梁竹,张芝元,等. 基于宏条码技术对校园足球运动员鞋腔内真菌组成的多样性分析[J]. 中国运动医学杂志,2019,38(2):131－136.
[108] 梁平安. 多元化的校园足球竞赛体系构建[J]. 体育文化导刊,2016(4):143－145.
[109] 梁伟,刘新民. 校园足球可持续发展的推进策略[J]. 体育文化导刊,2014(1):151－153.
[110] 梁伟,刘新民. 校园足球可持续发展系统的构建与解析[J]. 西安体育学院学报,2015,32(3):380－384.

[111] 梁伟,刘新民.足球发展试点城市发展规划探讨[J].体育文化导刊,2014(5):16—19.

[112] 刘斌,杨成伟,李梓嘉.基于政策执行视角的德国足球发展审视及启示[J].沈阳体育学院学报,2017,36(2):12—19.

[113] 刘兵.校园足球教练员发展面临的现实矛盾与推进策略[J].中国体育教练员,2019,27(2):16—19.

[114] 刘波,郭振,苗争鸣.振兴足球与建设体育强国的关系[J].体育学刊,2016,23(4):40—44.

[115] 刘夫力.我国校园足球本质及与实践对接——兼谈校园足球与学校教育的关系[J].体育学刊,2019,26(3):78—82.

[116] 刘夫力.校园足球的基本概念与基本理念论析[J].北京体育大学学报,2018,41(9):83—87.

[117] 刘海元,冯爱民.对全国青少年校园足球特色学校建设若干问题的思考[J].体育学刊,2019,26(2):6—15.

[118] 刘海元.我国青少年校园足球改革发展情况及对当前主要问题的思考[J].首都体育学院学报,2018,30(3):209—213.

[119] 刘宏舜.互联网时代校园足球运动开展的意义研究[J].无线互联科技,2015(24):103—104.

[120] 刘桦,杨婷.工业园区能源、经济、环境协调发展影响因素研究[J].企业经济,2013(3):140—143.

[121] 刘桦楠,季浏.青少年校园足球工程的集聚效应与辐射效应[J].体育文化导刊,2012(2):118—122.

[122] 刘桦楠,季浏.上海市校园足球“一条龙”培养体系的集聚、辐射效应[J].武汉体育学院学报,2012,46(7):84—90.

[123] 刘桦楠,季浏.我国高校体育教育专业足球专修课程改革的思考——基于复合型足球师资的培养导向[J].北京体育大学学报,2017,40(3):79—85.

[124] 刘桦楠.上海校园足球发展研究[J].体育文化导刊,2011(8):104—107.

[125] 刘俊凯.足球大课间的合理设计与有效组织[J].体育学刊,2016,23(6):103－107.

[126] 刘茂辉,刘文娟,崔建强.校园足球和青少年足球文献计量分析与评价[J].山东体育学院学报,2016,32(5):114－118.

[127] 刘默,赵宗跃.校园足球裁判员队伍建设影响因素和发展路径研究[J].河北体育学院学报,2018,32(6):30－34.

[128] 刘鹏,药宏亮.高校校园足球文化内涵的研究[J].当代体育科技,2014,4(30):123－124.

[129] 刘世宏,陈海.发展校园足球现存主要问题及改进策略[J].山东体育学院学报,2015,31(4):113－118.

[130] 刘威.十九大报告深化体制改革要求视域下中国足球事业发展的现实矛盾及其变革路径[J].广州体育学院学报,2018,38(2):4－7.

[131] 刘伟.中小学足球教学的困境与对策[J].教学与管理,2017(30):106－108.

[132] 刘向东.构建中小学校园足球活动长效机制的探索与实践[J].当代体育科技,2019,9(13):120－121.

[133] 刘志云,王慧琳,任万勇.增长模式:从"校园足球"开展看"全国学校足球运动联盟"建设态势[J].天津体育学院学报,2014,29(4):277－280.

[134] 娄方平,向禹.校园足球实践发展审视:现象、成因与治理[J].武汉体育学院学报,2016,50(3):96－100.

[135] 卢挺.青少年校园足球文化建设探究[J].青少年体育,2019(6):53－54.

[136] 路云亭.国家战略:中国足球文化的纵深维度[J].体育与科学,2015,36(4):6－13.

[137] 罗冲,龚波.新形势下我国校园足球青训体系的内涵、困境与出路[J].武汉体育学院学报,2019,53(4):80－85.

[138] 骆秉全,庞博.北京市校园足球竞赛体系运行现状研究[J].首都体育学院学报,2019,31(2):157－165.

[139] 马琳,李秀馥.沈阳市高校校园足球运动开展现状研究[J].当代体育

科技,2014,4(19):66－67.

[140] 马瑞华.中学生参与校园足球活动的知行矛盾与内化路径[J].广州体育学院学报,2018,38(6):122－125.

[141] 马阳,马库斯·库切特.德国足球治理及其启示[J].体育学刊,2018,25(1):61－67.

[142] 毛振明,何宜川,查萍."足球操"辨析与校园足球大课间的发展构想[J].沈阳体育学院学报,2018,37(6):1－5.

[143] 毛振明,刘天彪,李海燕.校园足球实施一年来的成绩、经验与问题——论"新校园足球"的顶层设计之四[J].武汉体育学院学报,2016,50(3):5－10.

[144] 毛振明,刘天彪,臧留红.论"新校园足球"的顶层设计[J].武汉体育学院学报,2015,49(3):58－62.

[145] 毛振明,刘天彪.再论"新校园足球"的顶层设计——从德国青少年足球运动员的培养看中国的校园足球[J].武汉体育学院学报,2015,49(6):5－11.

[146] 毛振明,席连正,刘天彪,等.对校园足球的"八路突破"的理解与深入——论"新校园足球"的顶层设计之三[J].武汉体育学院学报,2015,49(11):5－10.

[147] 毛振明.新校园足球的成果审视与发展建言[J].上海体育学院学报,2018,42(4):7－11.

[148] 苗士泽.社会治理语境下校园足球特色学校建设规范的困境[J].当代体育科技,2019,9(13):185－186.

[149] 牛雨来.房地产市场与我国国民经济协调发展研究[J].企业改革与管理,2015(3):120－122.

[150] 欧阳勇强.校园足球的教育价值与体系的建构[J].教学与管理,2018(27):96－98.

[151] 彭国强,舒盛芳.德国足球成功崛起的因素及启示[J].体育学刊,2015,22(5):40－44.

[152] 彭国强,舒盛芳.德国足球崛起的历程及特征[J].成都体育学院学报,2015,41(1):92—98.

[153] 彭晋涛.太原市初级中学校园足球布点学校教练员现状分析[J].搏击(武术科学),2014,11(12):112—114.

[154] 彭召方,袁玲,国伟,等.我国校园足球可持续发展的新问题解读[J].体育文化导刊,2017(7):19—23.

[155] 彭焰灯.政府购买视角下的校园足球体系构建研究[J].广州体育学院学报,2018,38(5):5—8.

[156] 浦义俊,戴福祥,江长东.德国足球甲级联赛的历史演进与支持系统分析[J].成都体育学院学报,2016,42(3):66—72.

[157] 浦义俊,戴福祥.借鉴与反思:英格兰足球历史演进、改革转型及其启示[J].西安体育学院学报,2017,34(1):60—67.

[158] 浦义俊,吴贻刚.荷兰足球历史崛起与持续发展探究[J].武汉体育学院学报,2015,49(1):20—24.

[159] 齐效成,杨艳,刘年伟,等.重庆市校园足球教练员发展的困境与路径研究[J].西南师范大学学报(自然科学版),2017,42(8):117—122.

[160] 乔媛媛,汤夏,蒋宁,等.日本足球"明治维新"历程、特征及启示[J].广州体育学院学报,2018,38(2):43—47.

[161] 秦强,黄晓.恒大模式对校园足球运动发展的影响效能分析[J].浙江体育科学,2019,41(3):54—57.

[162] 秦旸,刘志云,张娜.技术表象与思维创新:《全国青少年校园足球教学指南(试行)》编写的核心问题解读[J].北京体育大学学报,2017,40(6):74—78.

[163] 秦旸,姚春生.基于发展学生合作能力的校园足球游戏设计[J].体育教学,2019,39(5):79—80.

[164] 邱林,戴福祥,张廷安,等.我国校园足球政策执行效果及主要影响因素分析[J].体育学刊,2016,23(6):98—102.

[165] 邱林,戴福祥,张廷安.我国校园足球发展中政府职能定位研究[J].武

汉体育学院学报,2016,50(6):95—100.

[166] 邱林,王家宏,戴福祥.中法青少年足球培养体系比较研究[J].上海体育学院学报,2017,41(6):34—41.

[167] 邱林,王家宏.国家治理现代化进程中校园足球体制革新的价值导向与现实路径[J].上海体育学院学报,2018,42(4):19—25.

[168] 屈丽蕊,高飞.我国中小学校园足球场地器材管理研究[J].体育文化导刊,2014(8):123—126.

[169] 曲晨,张守伟.我国校园足球教练员网络远程培训系统研究[J].北京体育大学学报,2017,40(6):114—121.

[170] 邵宝.论家庭与校园足球活动的融合[J].运动,2014(13):67—68.

[171] 沈建.港口物流与区域经济协调发展的机制与策略研究——以泰州市为例[J].企业改革与管理,2015(8).

[172] 沈建敏,应孜,高鹏飞.校园足球发展的顶层设计与底层回应[J].北京体育大学学报,2017,40(4):83—88.

[173] 舒川,吴燕丹.USYS 运动员培养体系对我国校园足球发展的启示[J].中国体育科技,2015,51(3):56—62.

[174] 宋亨国.中、英足球协会的业务管理权及其比较[J].体育学刊,2018,25(5):69—76.

[175] 宋娜梅,梁潇,林用彬,等.中学校园足球文化结构及认知差异研究[J].北京体育大学学报,2017,40(2):30—37.

[176] 宋琦.天津市高校校园足球开展的现状与对策研究[J].当代体育科技,2014,4(32):174—175.

[177] 宋正刚.粘合效应引导下校园足球资源的整合与发展研究[J].广州体育学院学报,2017,37(6):125—128.

[178] 苏莉,邓星华,姜令颂.我国校园足球回归教育本真的理性思考[J].体育文化导刊,2017(8):155—159.

[179] 苏亮.河南省青少年校园足球发展经验[J].体育学刊,2018,25(3):126—128.

[180] 孙丹.关于我国青少年校园足球文化建设的思考[J].青少年体育，2017(12):59—60.

[181] 孙科，乔凤杰，刘铁军.全民健身与足球文化形成研究[J].体育文化导刊，2016(6):50—53.

[182] 孙科，易剑东.中国“草根足球”面面观[J].体育学刊，2016，23(2):75—80.

[183] 孙科.目标·口号·精神——中国“足球教父”徐根宝访谈录[J].体育学研究，2018，1(5):89—94.

[184] 孙科.生态·场域·习性——第二届中国足球文化与校园足球发展论坛研讨对话录[J].体育学研究，2018，1(4):82—94.

[185] 孙科.心态·体制·形式——中国校园足球改革障碍及其突破策略访谈录[J].体育学研究，2018，1(1):83—94.

[186] 孙信成.校园足球与社会足球互补关系研究[J].林区教学，2019(7):100—102.

[187] 孙一，饶刚，李春雷，等.日本校园足球:发展与启示[J].上海体育学院学报，2017，41(1):68—76.

[188] 孙玉金.校园足球对促进青少年体育素养形成的研究——以天津市中小学为例[J].成都体育学院学报，2019，45(3):119—126.

[189] 孙永建.杭州市西湖区“五指成拳”打出青少年校园足球运动好态势[EB/OL].http://jyj.hd.gov.cn/newsInfo.aspx? pkId=34911

[190] 孙泽华.辽宁沿海港口群协调发展的模式选择及对策研究[J].辽东学院学报(社会科学版)，2015(4):32—36.

[191] 覃成林.区域协调发展机制体系研究[J].经济学家，2011，4(4):63—70.

[192] 谭广鑫，胡小明.以共享运动理念促进我国青少儿足球发展[J].天津体育学院学报，2012，27(2):112—116.

[193] 谭嘉辉，陈平，部义峰，等.全面风险管理视角下我国校园足球绩效评价和治理对策研究[J].北京体育大学学报，2018，41(9):96—103.

[194] 谭淼，孙剑.我国校园足球定位的探究[J].科教导刊(中旬刊)，2014

(8):150—151.

[195] 唐铁锋,龚波.上海“校园足球建设联盟”的创新举措与前瞻思考[J].西安体育学院学报,2016,33(5):528—532.

[196] 陶军,汪洋.校园足球的开展对大学生身心健康的影响[J].绵阳师范学院学报,2019,38(5):129—132.

[197] 童卫华,王虹霞.初中体育校园足球课程的实践探析[J].青少年体育,2017(11):68—70.

[198] 万勇,王佳,潘凌云.核心素养视角下中小学校园足球政策的价值取向分析[J].现代中小学教育,2018,34(12):59—62.

[199] 汪升,龚波,陶然成,等.我国校园足球与青训体系的有机衔接[J].武汉体育学院学报,2018,52(3):83—88.

[200] 汪玮琳,王莉,康辉斌.中日青少年校园足球发展比较研究[J].西安体育学院学报,2014,31(6):690—693.

[201] 汪晓文,杜欣.中国城镇化与农业现代化协调发展的测度[J].统计与决策,2015(8):121—124.

[202] 汪雄,聂锐新,普春旺,等.困境与突围:云南省青少年校园足球发展研究[J].体育文化导刊,2017(4):164—168.

[203] 汪雄,唐文坤,张雪峰,等.加拿大免费脚丫活动对我国校园足球发展的启示[J].体育文化导刊,2016(9):155—159.

[204] 王崇喜,陈治.校园足球运动县域推进体系的构建与实践探索——以临颍县校园足球发展工程为例[J].北京体育大学学报,2012,35(4):105—110.

[205] 王德慧,李丽慧,李锦琼,等.中国汉族中小学生身体素质成绩变化灰色均值预测研究[J].中国学校卫生,2019,40(3):457—460.

[206] 王德鹏.浅谈校园足球如何发展[J].科技资讯,2014,12(22):227.

[207] 王登峰,樊泽民.全国青少年校园足球工作发展综述(2015—2017年)[J].上海体育学院学报,2018,42(4):1—6.

[208] 王登峰.校园足球发展下一步将构建八大体系[J].体育学刊,2018,

25(4):2.

[209] 王丰,唐曼.我国足球场地发展现状与对策[J].体育文化导刊,2017(8):109－114.

[210] 王刚,乔凤杰.足球主题公园的设计构想研究[J].体育文化导刊,2016(5):194－197.

[211] 王格.我国校园足球活动开展的现状、问题及对策研究[J].沈阳体育学院学报,2011,30(2):99－102.

[212] 王欢,秦旸.校园足球中学阶段学生运动技能评价标准的研制[J].山东体育学院学报,2016,32(3):99－103.

[213] 王辉,董文梅.关于我国青少年校园足球师资培训课程模式的思考[J].体育文化导刊,2016(5):153－157.

[214] 王建洲.体育强国视阈下青少年校园足球发展战略研究[J].广州体育学院学报,2018,38(5):9－11.

[215] 王景波,马逢伯.新形势下我国足球发展方式转变的目标、原则及战略[J].沈阳体育学院学报,2012,31(2):94－96.

[216] 王敏,任冬冬.关于足球进校园的辩证思考[J].教学与管理,2015(25):46－48.

[217] 王前进,蔡洁琼,王炜.新形势下校园足球制度文化现状及影响因素分析[J].当代体育科技,2019,9(16):83－84.

[218] 王伟,张春合.网络媒体“新校园足球”报道内容特征研究[J].沈阳体育学院学报,2017,36(6):7－12.

[219] 王显丽,姜国强,王君丽.基于多元统计方法的海洋环境——经济系统协调发展度评价研究[J].海洋环境科学,2015,34(5):777－782.

[220] 王旭.校园足球裁判员队伍建设情况分析——以2016年中国中学生足球协会杯为例[J].体育科学研究,2017,21(6):39－43.

[221] 王旭.新形势下我国校园足球管理体制的探讨——基于责任原理的视角[J].吉林体育学院学报,2015,31(5):40－44.

[222] 王勇.高校足球文化建设“热”的“冷”思考[J].教育评论,2017(7):

139－142.

[223] 王勇川.用街头足球精神演绎校园足球活动[J].中国教育学刊,2015(8):105－106.

[224] 王玥.上海市校园足球联盟管理体制与运行机制研究[J].青少年体育,2014(9):134－135.

[225] 王长琦.论日本校园足球成功运作范式及其对中国的启示[J].南京体育学院学报(社会科学版),2017,31(5):86－89.

[226] 王长权,毛振明,席连正."新校园足球"的顶层设计(6)——论校园足球的机制创新和制度建设[J].武汉体育学院学报,2018,52(11):77－81.

[227] 王昭,靳志鑫.从新闻媒体视角探析校园足球发展[J].当代体育科技,2015,5(28):1－2.

[228] 王志华,向勇.我国校园足球可持续发展的现实困境与路径选择[J].体育文化导刊,2019(2):101－105.

[229] 文晶晶,文烨.消极社会越轨行为对中国足球的恶性侵蚀与应对策略[J].体育与科学,2015,36(6):80－85.

[230] 吴键.校园足球:回归"真义" 严防"跑偏"[J].中国学校体育,2015(11):10－12.

[231] 吴丽芳,于振峰,杨献南,等.基于社会治理的青少年校园足球发展模式[J].体育学刊,2017,24(4):72－77.

[232] 吴雄文.开展校园足球活动的影响因素及对策研究[J].广州体育学院学报,2015,35(2):113－116.

[233] 吴亚香.校园足球教学引入运动教育模式的研究[J].南京体育学院学报(社会科学版),2016,30(5):82－87.

[234] 吴勇飞.家校合作视角下校园足球课余训练开展探骊[J].中国体育教练员,2019,27(2):25－27.

[235] 席海龙.公众满意度:"校园足球"活动评价的价值取向[J].教学与管理,2015(30):42－44.

[236] 席连正,毛振明,吴晓曦.论"新校园足球"的顶层设计(7)——论校园足球的十大成功标志和实现关键[J].武汉体育学院学报,2019,53(3):76—80.

[237] 献南,吴丽芳,李笋南.我国青少年校园足球特色学校管理的基本问题与策略选择[J].体育科学,2019,39(6):3—12.

[238] 向敬伟,万沙,胡守庚.城市生态经济耦合协调发展的因子贡献度分析——以武汉市为例[J].中国地质大学学报:社会科学版,2015(6):30—36.

[239] 肖玉华,康金明.校园足球的教育功能与意义——评《校园足球》[J].新闻爱好者,2019(4):109.

[240] 谢娟.海淀区中小学校园足球存在的突出问题与发展对策研究[J].体育教学,2014,34(7):60—61.

[241] 谢松林,龚波,刘佩,等.日本足球学校青训发展历程及启示[J].体育学刊,2018,25(6):121—126.

[242] 谢雪玲,毛进红.青少年校园足球竞赛体系发展模式的构建[J].佳木斯职业学院学报,2016(11):391.

[243] 徐金成,高璨.全国性校园足球推广中的潜在健康效益与风险[J].中国学校卫生,2017,38(11):1604—1605.

[244] 徐林.阳光体育背景下海南省中小学校园足球文化环境的构建分析[J].运动,2018(18):96—97.

[245] 徐涛.新形势下高校校园足球文化建设的思考[J].当代体育科技,2016,6(30):97—98.

[246] 徐张建.开展校园足球对学生的教育价值和发展对策分析[J].运动,2017(20):98—99.

[247] 薛浩,郑国华.理性批判与价值重构:中国足球改革的困境与出路[J].武汉体育学院学报,2018,52(4):18—23.

[248] 闫佳伟,侯岩峰."校园足球"建设热的冷思考[J].中国教育学刊,2016(5):106.

[249] 颜中杰. 上海高校校园足球文化建设研究[J]. 上海电力学院学报，2014,31(S2):171—173.

[250] 杨成伟，唐炎，张德春，等. 对我国青少年足球运动发展的政策执行审视[J]. 沈阳体育学院学报，2015，34(1):21—27.

[251] 杨建民."三位一体"校园足球活动体系的校本构建与实践研究[J]. 体育师友，2018，41(5):76—78.

[252] 杨献南，安琪，伦智江. 我国青少年校园足球研究：现状、问题及方向[J]. 吉林体育学院学报，2014，30(6):41—46.

[253] 姚刚. 基于校园足球下的中小学足球师资现状与应对措施[J]. 教育教学论坛，2015(50):264—265.

[254] 姚健. 校长引领校园足球推广实施研究[J]. 北京体育大学学报，2017，40(4):75—82.

[255] 姚锦勇. 我的校园足球梦[J]. 中小学管理，2015(7):49—50.

[256] 胡志九. 中国融资服务与经济发展的协调发展度研究[J]. 中央财经大学学报，2015(3):34.

[257] 尤佳，李卫东. 青少年足球发展的顶层设计与国际经验——基于英国足球青训学院分类系统的实证研究[J]. 武汉体育学院学报，2018，52(6):96—100.

[258] 俞东寿，金昌龙，何志林，等. 上海市校园足球人才培养环境分析——以学生和家长的意识调查为例[J]. 上海体育学院学报，2016，40(1):74—78.

[259] 俞可. 校园足球：德国夺冠必由之路[J]. 上海教育，2015(2):48—49.

[260] 喻和文，刘东锋. 职业足球俱乐部与足球特色学校合作长效机制探究——基于社会交易理论的视角[J]. 沈阳体育学院学报，2019，38(1):7—15.

[261] 喻坚. 发展青少年校园足球的真义[J]. 体育学刊，2016，23(6):93—97.

[262] 袁静. 论校园足球回归育人本原之思考[J]. 广州体育学院学报，2016，36(1):40—42，96.

[263] 袁田.新校园足球发展的新困境及新思路——德国青少年足球运动员培养对我国校园足球的启示[J].武汉体育学院学报,2018,52(2):76—81.

[264] 袁田.新周期下我国校园足球发展若干问题的理性思考[J].武汉体育学院学报,2017,51(10):82—87.

[265] 岳耀鹏.立德树人背景下校园足球的德育价值及其实现路径[J].西安体育学院学报,2018,35(1):123—128.

[266] 詹崇将,方光新.探寻浙江省高校的校园足球竞赛体系[J].湖北体育科技,2018,37(12):1108—1110.

[267] 张诚,王兴泽.动作学习视野下校园足球课程设置研究及案例教学分析[J].北京体育大学学报,2017,40(5):73—80.

[268] 张高华,鲍盛祥.基于移动信息技术的特困区农村校园足球协同教育平台的设计与应用[J].中南民族大学学报(自然科学版),2016,35(4):116—120.

[269] 张华影.校园足球发展的动力及其耦合机制研究[J].南京体育学院学报(社会科学版),2016,30(1):96—100.

[270] 张辉,张廷安.我国布局城市校园足球竞赛体系的研究[J].北京体育大学学报,2012(10):134—139.

[271] 张辉,张廷安.我国布局城市校园足球竞赛体系的研究[J].北京体育大学学报,2012,35(10):134—139.

[272] 张辉.我国校园足球后备人才培养机制研究[J].体育文化导刊,2017(10):140—144.

[273] 张鲲,王鹏慧,张嘉旭.校园足球评价指标研究[J].辽宁体育科技,2017,39(5):98—101.

[274] 张沛锋.校园足球活动可持续发展研究[J].山东体育科技,2012,34(4):82—86.

[275] 张琪,龚正伟.国家改革背景下的足球改革价值[J].体育学刊,2016,

23(5):79—85.

[276] 张廷安.我国校园足球未来发展中应当确立的科学发展观[J].北京体育大学学报,2015(1):106—113.

[277] 张廷安.开展校园足球活动需要理念引领[J].北京体育大学学报,2015,38(8):112—117.

[278] 张卫东,郐凤.校园足球文化类型及其建设方式[J].体育文化导刊,2016(5):150—152+182.

[279] 张晓贤.上海市校园足球联盟发展研究[J].山东体育学院学报,2015,31(1):114—118.

[280] 张晓贤.校园足球活动中小学校本课程的开发——基于美国 SPARK 课程理念[J].体育学刊,2015,22(3):90—94.

[281] 张兴梅,秦勇."校园足球"常态化与制度化的思考[J].成都体育学院学报,2015,41(3):8—11.

[282] 张兴梅,秦勇."校园足球"常态化与制度化的思考[J].成都体育学院学报,2015,41(3):8—11.

[283] 张亚静.做好"校园足球"这篇大文章[J].中小学管理,2017(7):41—42.

[284] 张渊,张廷安.我国校园足球政策执行推进策略研究[J].体育文化导刊,2018(5):108—112.

[285] 张志刚,高峰.我国校园足球监控体系构建研究[J].体育文化导刊,2018(4):104—109.

[286] 张志奇.临颍足球人文环境建设的启示[J].中国统计,2014(10):36—37.

[287] 赵传勇.校园足球文化的影响与构建策略[J].吉林省教育学院学报,2016,32(12):169—171.

[288] 赵明楠,陈昭宇.日本青少年足球发展历程对中国校园足球发展的启示[J].浙江体育科学,2017,39(6):77—80.

[289] 赵明楠,史友宽.论校园足球动力机制:以利益为中心的多重博弈[J].南京体育学院学报,2018,1(10):46—50.

[290] 赵润新.天津市青少年校园足球开展现状及对策研究[J].当代体育科技,2014,4(22):160+162.

[291] 赵毅,陈刚,王家宏.从江苏法院裁判看校园足球伤害的学校责任之最新动向[J].体育与科学,2017,38(3):69-75+107.

[292] 赵毅,张学丽.实证研究视角下的校园足球损害赔偿范围论[J].中国体育科技,2017,53(5):37-47.

[293] 赵永峰,安剑群.我国高等院校校园足球活动的现状与趋势[J].西安体育学院学报,2019,36(3):379-384.

[294] 赵治治,高峰,孙亮,等.我国青少年校园足球特色学校的建设:概念、特征与反思[J].首都体育学院学报,2018,30(3):214-218.

[295] 赵治治,庞剑,王鑫,等.我国校园足球特色学校退出机制的理论分析[J].上海体育学院学报,2018,42(4):26-30.

[296] 郑娟,陈华敏,郑志强.我国校园足球资源困境与公私合作——基于多重制度逻辑视角[J].沈阳体育学院学报,2016,35(4):17-21.

[297] 郑志强,郑娟.中国校园足球政策工具分析[J].武汉体育学院学报,2016,50(4):5-11.

[298] 钟秉枢,郑晓鸿,邢晓燕,等."十三五"我国足球、篮球、排球发展研究[J].上海体育学院学报,2016,40(2):7-12.

[299] 钟勇,毛振明,潘建芬.论"新校园足球"的顶层设计(5)——以"一校一品"和"1+X"为灵魂的新校园足球课程教学模式[J].武汉体育学院学报,2018,52(1):19-23.

[300] 周会敏,王腾,高璐.产业集群与区际知识网络的互动模式及协调发展对策[J].商业经济研究,2015(4):123-124.

[301] 周军,云颖.青少年校园足球活动发展现状分析及对策——以海南为例[J].体育科技,2017,38(4):165-166.

[302] 周军,云颖.校园足球特色学校足球文化体系建设研究——以海南为例[J].浙江体育科学,2017,39(6):86-90.

[303] 周兴生，谭嘉辉. 我国校园足球绩效评价指标体系及构建[J]. 西安体育学院学报，2017，34(3)：300－308.

[304] 朱超，范清惠. 校园足球的教育价值与发展策略[J]. 教学与管理，2016(18)：56－58.

[305] 朱广芹，佟光霁. 我国城乡协调发展影响因素的 ISM 分析[J]. 商场现代化，2008(14)：373－373.

[306] 朱荣，汪玮琳. “校园足球”文化内涵及其建设路径研究——以赣州市为例[J]. 农村经济与科技，2017，28(S1)：213－214.

后 记

搭建校园足球科研体系，是下一步校园足球发展的八大体系之一。基于本书中对校园足球系统发展系统动力学机制的研究成果，下一步可以探讨其创新发展机制。创新发展是当前我国“五大发展理念”之一，该理念认为创新是新常态下推动国家经济与社会持续、稳定发展的一种源动力。

创新体系是一个国家或地区内创新元素紧密融合所构成的系统。新时代下，随着国家创新体系等理论逐渐深入，以及创新实践不断推进，其发展已然成为推动创新规模扩张的重要途径。那么，如何构筑起校园足球发展的创新体系，使其成为新时代发展重要推动力，是当前一个亟待探讨的问题。今后，可以立足国家发展理念，基于区域创新体系理论，采用系统动力学方法，探讨区域校园足球创新体系的系统架构、演化机理与发展路径，旨在为推动区域校园足球创新体系建设提供学理依据与方法支持。

针对我国校园足球创新体系研究存在以下不足。

(1)我国校园足球创新相关研究零星撒落于创新内容范畴内，未上升至系统层面，未从创新体系理论框架下予以钻研，形成系统创新关联扩大效应，在探讨其创新主体、创新资源、创新机制、创新动力、创新组织、创新因素等方面存在较大空间。

(2)我国校园足球创新实践主要处于社会事业领域，其创新主体、客体、环境等有鲜明的自身特点。在经济领域所构建的国家、区域创新理论框架下，还需探讨符合自身实践的国家/区域校园足球创新体系构成及其运行、演化规律。

(3)随着“万众创新”等理念提出，以及国家创新发展战略推进，国家创新体系将会向我国社会、经济各领域创新实践渗透，如何在现有的国家/区域创新体系建设基础上，构筑起校园足球创新体系，并发挥其系统创新巨动力，有待探索。

因此，可以通过研究区域校园足球创新体系的构成、运行与演化机理、发展路径所形成的学术价值有，揭示我国校园足球创新系统内在机理、演化规律，丰富区域创新体系理论框架；所形成的应用价值为我国、我省校园足球工作领导小组设置创新制度、制定创新政策、控制创新投入、营造创新文化等提供学理依据与方法支持，从而以创新规模扩张来推动校园足球长期发展目标的实现。